No lo pienses tanto

JOSEPH NGUYEN

No lo pienses tanto

Guía para tomar decisiones
sin darles tantas vueltas

Traducción de
Estela Peña Molatore

Grijalbo

Papel certificado por el Forest Stewardship Council®

MIXTO
Papel | Apoyando la
silvicultura responsable
FSC® C117695

Penguin
Random House
Grupo Editorial

Título original: *The Overthinker's Guide to Making Decisions*

Primera edición: marzo de 2026

© 2025, Joseph Nguyen
© 2026, Penguin Random House Grupo Editorial, S. A., de C. V.
Blvd. Miguel de Cervantes Saavedra núm. 301, 1er piso, colonia Granada,
alcaldía Miguel Hidalgo, C. P. 11520, Ciudad de México
© 2026, Penguin Random House Grupo Editorial, S. A. U.
Travessera de Gràcia, 47-49. 08021 Barcelona
© 2026, Estela Peña Molatore, por la traducción

Printed in Spain – Impreso en España

ISBN: 978-84-253-7330-5
Depósito legal: B-1.052-2026

Compuesto en Promograff - Promo 2016 Distribucions

Impreso en Black Print CPI Ibérica
Sant Andreu de la Barca (Barcelona)

GR 7 3 3 0 5

Índice

I

UNA NUEVA FORMA DE DECIDIR

Replantéate todo lo que sabes
sobre la toma de decisiones

Las elecciones son las bisagras del destino.

EDWIN MARKHAM

Tenemos que aceptar que no siempre tomaremos las decisiones correctas, que en ocasiones meteremos la pata hasta el fondo, y comprender que el fracaso no es lo opuesto del éxito, sino que forma parte de él.

ARIANNA HUFFINGTON

CAPÍTULO 1

El silencioso peso de elegir

Cuando pasa algo malo, tienes tres opciones.
Puedes dejar que te defina, dejar que te destru-
ya o dejar que te fortalezca.

Dr. SEUSS

Uno de los mayores poderes que tenemos es el de la decisión: la capacidad de elegir conscientemente un camino en lugar de otro. Con él, es posible darle un giro a nuestra vida en un instante, algo que pocos seres vivos, o tal vez ningún otro, parecen hacer como nosotros.

Pero este gran poder conlleva mucho sufrimiento.

Con gran facilidad, nos vemos atrapados en la indecisión, una parálisis causada no por la limitación, sino por la posibilidad infinita. Y la culpa de ello no es la falta de alternativas, sino el exceso de ellas. Entonces terminamos sufriendo, no porque nos falten opciones, sino porque nos ahogamos en ellas.

Es grande el peso de la corona de la decisión.

La presión de tomar la decisión correcta puede resultar abrumadora, no porque la elección sea imposiblemente compleja, sino porque el coste de equivocarnos parece muy alto. En estos momentos lo que sentimos no está determinado por la magnitud de la decisión, sino por la gravedad de nuestras emociones. Cuando la mente da vueltas, hasta la elección más pequeña puede parecer una carga muy pesada, como si todo dependiera de ella.

Lo que comienza como una simple decisión no dura mucho tiempo. Al contemplar los diferentes posibles resultados, nuestra mente se centra en lo negativo. Nos damos cuenta de que basta una mala decisión para que todo se venga abajo: el trabajo por el que tanto hemos batallado, el amor en el que empezábamos a confiar, la frágil paz que luchamos por encontrar, la oportunidad que creíamos que podría cambiarlo todo.

Pero no solo tememos los malos resultados, también cómo nos perciben los demás. El silencio en la habitación. El sutil cambio en el tono de voz de alguien. La mirada en sus ojos cuando ya no nos ven igual que antes.

¿Y si perdemos su respeto? ¿Y si perdemos su amor? ¿Y si las personas que más nos importan dejan de creer en nosotros?

Podemos ver cómo todo esto se desarrolla en nuestra mente con total claridad: elegimos «mal» y, de repente, nos echan del trabajo, la relación se desmorona, nuestra reputación se hace añicos y esa voz que tenemos en la cabeza se burla de nosotros: «¿Ves? No lo merecías».

Ese es el riesgo que sentimos más grave: no la consecuencia práctica, sino la forma en que una mala decisión parece servir como prueba de nuestros miedos más profundos sobre nosotros mismos. Una «mala» decisión no solo se percibe como un error, sino como una confirmación. La confirmación de que no somos lo suficientemente capaces. No somos lo suficientemente inteligentes. No somos suficiente.

Y antes de que nos demos cuenta, la preocupación se ha descontrolado, y lo que comenzó como una pequeña decisión es ahora una crisis existencial.

Y así, nos encontramos buscando consejo, no necesariamente para aclarar las cosas, sino para tranquilizarnos. Tal vez si suficientes personas nos dicen qué hacer, el peso de la elección desaparecerá. En silencio esperamos, probablemente sin siquiera darnos cuenta, que otra persona decida por nosotros. Porque si termina siendo una mala decisión, no será culpa nuestra, sino suya. Después de todo, es mucho más fácil vivir resentidos por la decisión de otra persona que soportar las consecuencias de la nuestra.

Pero cuanto más dependemos de estas opiniones, más difícil se vuelve la decisión. Ahora, además de necesitar tomar la decisión «correcta», debemos lidiar con la presión de complacer.

De esta forma, la carga aumenta. Mides tus deseos frente a las expectativas de los demás, sintiendo la culpa silenciosa de todo lo que te han dado. ¿Cómo podrías elegir un camino con el que ellos no están de acuerdo? ¿Cómo podrías arriesgarte a decepcionar a quienes te han apoyado? Es fácil convencerte de que es egoísta priorizar lo que te parece correcto.

Y, sin embargo, si hacer felices a los demás fuera la clave de tu propia felicidad, ¿no habría funcionado ya?

La verdad es que cuantas más voces invitamos a entrar, más silenciosa se vuelve nuestra voz interior.

Cada opinión, por muy bienintencionada que sea, nos aleja más de la serena sabiduría interior que ya sentimos. Todos nos ofrecen lo que creen que es mejor, pero nadie puede decirte qué es lo mejor para ti. Cuanto más dependemos de los demás, menos confiamos en nosotros mismos y más empezamos a vivir una vida enfocada en la aprobación, no en la alineación.

La mayoría de las personas dan consejos basados en sus propios miedos, remordimientos y limitaciones. Ven el mundo a través del prisma de su pasado, no de tu futuro. Sus dudas no son tu destino. Sus heridas no son tu camino. Sus creencias no son tu verdad.

Nadie te conoce mejor que tú mismo. Nadie tiene las mismas pasiones, deseos o sueños que tú. Los demás te dirán lo que ellos harían, pero no pueden decirte lo que es correcto para ti.

El precio de intentar hacer felices a todos los que te rodean es tu propia felicidad.

Pero aquí está la buena noticia: no porque las cosas hayan sido de una determinada manera significa que tengan que seguir siendo así.

Frank Sonnenberg dijo: «Las lecciones de la vida se repetirán hasta que se aprendan». Pero ¿cómo podemos aprender la lección si nadie nos muestra otro camino? No podemos elegir uno nuevo hasta que nos demos cuenta de que existe un rumbo.

Mi esperanza con esta guía es que te ayude a ver la vida de otra manera, que dejes de darles vueltas a tus decisiones, que confíes de nuevo en ti mismo y que encuentres el valor para crear una vida que sientas auténtica.

CAPÍTULO 2

¿Por qué pensamos tanto?

Una decisión tomada por miedo siempre es una decisión equivocada.

Tony Robbins

No piensas demasiado porque algo en ti esté mal. Piensas demasiado porque algo resulta importante para ti.

Porque te importa. Porque hay un significado implícito en ese momento. Porque en algún lugar en tu interior sientes que esa elección podría determinar tu futuro: tu identidad, tu seguridad, tu conexión con los demás.

Pero la raíz de pensar demasiado no es el interés. Es el miedo.

No el tipo de miedo que hace latir tu corazón y se expresa como pánico. Es un miedo sutil. Es el que se disfraza de responsabilidad. El que te susurra en el fondo de tu mente: «¿Y si tomas la decisión equivocada? ¿Y si no puedes manejar las consecuencias? ¿Y si esto al final te expone como alguien que no es suficiente?».

Si las elecciones fueran solo lógicas, no experimentaríamos indecisión. Valoraríamos los pros y los contras, tomaríamos una decisión y seguiríamos adelante sin darle más vueltas. Pero las decisiones no son solo cálculos, son espejos. Nos muestran quiénes creemos que somos y quiénes tememos ser.

Nunca se trata solo de qué camino debo tomar. Se trata de qué dice de mí el hecho de tomar una decisión determinada. ¿Me seguirán queriendo y respetando? ¿Seguiré estando a salvo y teniendo éxito?

El hecho de pensar en exceso, sin importar cuál sea la explicación superficial, se puede remontar al miedo. Miedo al fracaso. Miedo al arrepentimiento. Miedo a decepcionar a los demás. Miedo a no ser quienes creemos que deberíamos ser.

Sin embargo, no hay nada malo en tu mente por pensar demasiado. Es solo la evidencia de que intenta protegerte de esos miedos.

Tu mente crea simulaciones mentales, reproduce cada escenario y calcula cada ángulo no para encontrar la verdad, aunque eso parezca, sino para tener el control.

Control sobre el dolor. Control sobre la pérdida. Control sobre cómo te ven los demás.

Pero el atractivo del control es una ilusión. He aquí la paradoja: cuanto más tratamos de controlar, más miedo tenemos y menos libres nos sentimos. Como si fueran arenas movedizas psicológicas: cuanto más luchamos, más rápido nos hundimos en el miedo, la duda y la parálisis.

Por lo tanto, la salida no está en aferrarse al control, sino en la aceptación. Cuando reconoces el miedo y te enfrentas a él, no le das poder. Lo recuperas. Porque una vez que ves el miedo con claridad, no como una verdad, sino como un patrón de tu mente, se debilita y te suelta.

En el momento en que dejas de huir del miedo, este deja de controlar tu vida.

Para dejar de pensar en exceso no hace falta otro plan, otra lista de pros y contras, ni otra ronda de malabarismos mentales.

Hace falta tu presencia. Tu voluntad firme y lúcida de sentir lo que has estado evitando.

Este es el punto de inflexión.

En cuanto te das cuenta de que todo el exceso de pensamiento no es más que miedo disfrazado, puedes dejar de luchar contra cada pensamiento y simplemente abordar la emoción raíz.

Y es entonces cuando surge una nueva posibilidad: ¿y si todo lo que nos han enseñado sobre el miedo fuera al revés? ¿Y si el miedo no significara que algo va mal, sino que estás a punto de hacer algo correctamente?

Piénsalo bien: ¿cuántas veces el miedo fue más intenso justo antes de elegir algo que te cambió para mejor? El miedo no era el problema, solo era tu alma indicándote lo que habías estado buscando y para lo que estabas preparado desde el principio.

¿Y si el miedo fuera solo una señal de que algo importante está saliendo a la luz, una parte de nosotros que todavía se aferra a la ilusión de que nuestro valor es condicional?

¿Y si fuera tu alma la que te estuviera indicando qué es lo que más te ayudaría a crecer?

CAPÍTULO 3

Tu enfoque determina tus decisiones

> Que tus elecciones reflejen tus esperanzas, no tus miedos.
>
> NELSON MANDELA

Mucho antes de que existieran la terapia, el *coaching* o la neurociencia, los seres humanos ya entendían algo esencial: que la mente contiene muchas voces. Algunas ofrecen claridad; otras, confusión.

Y aquello que determina nuestro camino no es cuál de esas voces es más fuerte, sino a cuál de ellas decidimos escuchar. No se trata solo de una metáfora, así es como funciona la mente. En especial en momentos de incertidumbre, cuando el miedo y la esperanza hablan al mismo tiempo.

Hay una historia que suele atribuirse a la tradición cheroqui y que describe esta experiencia humana universal que se ha transmitido de generación en generación. Vive en momentos como este, cuando el miedo y la confianza luchan dentro de nosotros por el control.

UN ANCIANO DA A SU NIETO
LECCIONES SOBRE LA VIDA...

—Una terrible lucha se libra dentro de mí —le dice al niño—. Es entre dos lobos. Uno es el miedo, la envidia, la tristeza, el arrepentimiento, la avaricia y la duda. El otro es la alegría, la paz, el amor, la esperanza y la confianza. La misma lucha se libra dentro de ti, y también dentro de todas las personas.

El nieto reflexiona un momento y pregunta:

—¿Cuál de los dos lobos ganará?

—El que tú alimentes —responde el anciano.

Para superar el miedo no hay que luchar contra él. Cuanto más te resistes o lo evitas, más avivas sus llamas. Porque la resistencia es una forma de atención, y la atención es combustible. Tratar de dominar el miedo es como echar leña al fuego que intentas apagar desesperadamente: solo consigues que arda con más fuerza.

El miedo es como el fuego: no se apaga luchando contra él. Se extingue cuando eliminas lo que lo mantiene vivo.

Lo que el oxígeno es para el fuego, tu atención lo es para el miedo.

Quita el oxígeno y las llamas se apagarán.

Retira tu atención del miedo y comenzará a extinguirse.

No es necesario resolverlo. Solo hay que verlo tal y como es.

No necesitas luchar contra el miedo. Solo deja de alimentarlo.

La realidad es que la emoción desde la que tomamos una decisión es la emoción que reforzamos. Esto se debe a que hacia donde se dirige nuestra atención, fluye la energía. Y donde fluye la energía, las cosas crecen.

Cuando elegimos desde el miedo, el fracaso, el rechazo o la pérdida, no escapamos de él, lo perpetuamos. Cuando nos centramos en lo que no queremos, en lugar de evitarlo, lo alimentamos. Crece hasta que somete el proceso de toma de decisiones, y nos mantiene atrapados en un estado reactivo de lucha o huida.

No obstante, aunque pueda resultar tentador pensar que la solución consiste en minimizar las emociones en general, no queremos eliminarlas por completo de la toma de decisiones. Si lo hacemos, perdemos también las emociones «buenas», que son fundamentales cuando decidimos: las esperanzas, los sueños, los deseos y el entusiasmo.

Por eso, el objetivo no es acabar con las emociones, sino cambiar el enfoque. Así, la decisión no consiste en evitar lo que no queremos, sino en avanzar hacia lo que sí.

Para aprender a esquiar, los mejores instructores enseñan una regla sencilla: mira hacia donde quieres ir, no los obstáculos que deseas evitar. En el momento en que te enfocas en los árboles, te desvías hacia ellos y aumenta la probabilidad de chocar con uno. No porque te atraigan por arte de magia, sino porque tu atención te lleva hacia allí. **Tu atención es un imán mental.** Te acerca silenciosamente a aquello en lo que centras tu atención, ya sean las barreras que temes o el camino que deseas seguir.

Lo mismo sucede con las decisiones. Cuando gastas toda tu energía tratando de evitar el peor de los escenarios, no avanzas, sino que te acercas precisamente hacia aquello de lo que intentas escapar. Solo ves las barreras y pierdes de vista el camino.

La mente no nos muestra el mundo tal y como es, sino que nos lo enseña a través de la lente de lo que esperamos ver. Esta experiencia es un ejemplo del sesgo de confirmación en acción.

Cuando nos obsesionamos con el miedo, entrenamos nuestra mente para encontrar más miedo. Cuando creemos que algo va a salir mal, nuestro cerebro busca pruebas y siempre hallamos evidencias que respaldan lo que elegimos creer. Filtra la realidad para alinearla con lo que ya esperamos, reforzando los patrones de los que intentamos escapar.

Por eso, reenfocar nuestra atención no consiste en ignorar la realidad, sino en expandir nuestra percepción de ella para no vivir una vida constituida solo por el miedo y lo negativo. Hay que aceptar tal cual lo que es, pero también ver más allá, reconocer nuevas posibilidades en lugar de repetir de manera inconsciente viejos patrones.

Cuando ampliamos nuestra perspectiva, no rechazamos el mundo como es, sino que evolucionamos más allá de las limitaciones de cómo lo veíamos antes. Nos damos el **permiso de tomar decisiones basadas en lo que queremos, en lugar de simplemente evitar lo que tememos**.

El mismo mecanismo que nos mantiene atrapados es el que puede liberarnos. En lugar de centrarte en el miedo de tomar una decisión, hazlo en las posibilidades, y tu mente tomará decisiones que te ayudarán a hacer realidad tus sueños. Céntrate en lo que quieres y, de forma natural, empezarás a avanzar hacia ello.

Toma decisiones basadas en cómo quieres sentirte, no desde lo que temes experimentar. Y así tus sueños moldearán tu vida, no tus miedos.

La atención es la arquitecta de tu realidad.

La mente es un terreno fértil y las emociones son las semillas que se plantan en él. Tu atención es el agua que les da vida. Todo lo que alimentes, ya sea miedo o amor, duda o confianza, echará raíces y crecerá. La mente no discrimina; cultiva lo que le das de comer.

Si tomas decisiones para evitar el miedo, estás regando las malas hierbas de la preocupación, permitiendo que se acrecienten y se apoderen de ti. Pero si tomas decisiones para cultivar la paz, el amor y la alegría, estás cuidando un jardín de crecimiento y expansión, donde cada decisión planta el futuro en el que quieres vivir.

El suelo no elige lo que crece. Eres tú quien lo hace.

CAPÍTULO 4

De dónde vienen nuestras mejores decisiones

Las mejores decisiones no se toman con la mente, sino con el instinto.

LIONEL MESSI

Recuerda una decisión que haya cambiado profundamente tu vida para mejor. Quizá fue mudarte a una nueva ciudad, cambiar de carrera, dedicarte a tu pasión o comenzar o terminar una relación. Decidir cuidar tu salud. Emprender un negocio o escribir un libro.

Cuando tomaste la decisión, ¿fue puramente lógica o hubo algo más profundo en juego? ¿Valoraste todas las opiniones, buscando validación externa, o confiaste en ti mismo a pesar de la incertidumbre? ¿Fue una decisión incentivada por el miedo y la seguridad, o sentiste que estabas dando un paso hacia algo más grande que tú mismo? ¿Lo hiciste para cumplir con las expectativas, o surgió de un sentido de alineación y verdad interior?

Lo más probable es que esta decisión que te cambió la vida no fuera la opción más segura, ni la más racional, ni la más aceptable socialmente. No nació de la parte de ti obsesionada con el control, la certeza y la minimización del riesgo. Surgió de centrarte en tus anhelos y sueños, de lo que imaginabas que podría ser tu vida. Surgió de algún lugar más profundo que las opiniones, más allá del miedo, más allá de la lógica: surgió de ti.

No de la versión de ti condicionada a conformarte. No de la versión de ti que prioriza la seguridad sobre el crecimiento. Sino de tu yo real. El que sabe, en lo más profundo, que el crecimiento, y no la comodidad, es el camino hacia una vida con sentido, paz y plenitud.

Tus mejores decisiones no proceden de la mente que duda, piensa demasiado y se pregunta: «¿Qué pensarán los demás de mí? ¿Y si no sale bien?».

Vienen de la parte de ti que siente: «¿Qué me dice mi corazón que debo hacer? ¿Qué elegiría si no tuviera miedo? ¿Qué me parece innegablemente correcto, aunque todavía no tenga sentido? ¿Hacia qué me siento atraído de un modo inexplicable?».

Es tu intuición la que habla, y es lo que en realidad eres: la parte de ti que ve más allá del miedo y vislumbra las posibilidades. La parte de ti que reconoce que la seguridad real no proviene de actuar con reserva, sino de alinearte plenamente con quien estás destinado a ser.

El único filtro que importa en el momento en que tomas una decisión es este: ¿te acerca a la persona en que te estás convirtiendo o te aleja de ella?

Porque la verdad es esta: las mejores decisiones de tu vida nunca las encontrarás en la lógica de la mente. Las sentirás en la sabiduría de tu corazón.

Esto no significa que debas ignorar el conocimiento o actuar sin comprender. Reunir información es importante, pero solo en la medida en que te aporte más claridad, no más confusión. Hay un momento en el que darle muchas vueltas a algo pasa de empoderarte a paralizarte. Sabrás que has llegado a ese punto cuando pensar en exceso no te dé más certeza, sino que aumente tu confusión y tus dudas. Ese es el momento en el que debes dejar de preguntarle a tu mente y empezar a confiar en lo que ya sabes en lo más profundo de tu ser.

Tus mejores decisiones provienen de confiar en ti mismo. De escuchar esa voz serena y suave en tu interior, la que solo tú puedes oír. De seguir lo que sabes que es verdad, aunque no tenga sentido para los demás. De elegir tu corazón por encima de tu miedo, y la alineación por encima de la aprobación.

No porque te mantenga a salvo. Sino porque te libera.

CAPÍTULO 5

¿Qué pasa si tomo la decisión equivocada por confiar en mí mismo?

> A veces tomas la decisión correcta, otras veces haces que la decisión sea correcta.
>
> PHIL MCGRAW

Una antigua historia china del siglo II a. C. ilustra a la perfección por qué no debemos apresurarnos a calificar los acontecimientos como «buenos» o «malos», y revela la verdad filosófica de que todas las situaciones evolucionan de forma constante.

LA HISTORIA DEL GRANJERO SABIO

Había una vez un viejo granjero que vivía en la frontera de un antiguo reino. No era conocido por su riqueza ni por su estatus, sino por su forma de responder a la vida, como si viera algo que al resto del pueblo se le escapara.

Un día, su único caballo se soltó y escapó por las colinas.

Los vecinos acudieron a toda prisa: «¡Qué terrible noticia! Qué mala suerte».

El viejo granjero se limitó a decir: «Quizá. Ya veremos».

Semanas más tarde, el caballo regresó, y detrás de él venía un grupo de potros salvajes.

Los vecinos volvieron a acudir corriendo.

«¡Qué increíble suerte! ¡Multiplicaste tu fortuna!».

De nuevo, dijo el viejo granjero: «Quizá. Ya veremos».

Su hijo, joven y lleno de energía, trató de domar a uno de los nuevos caballos. Pero el caballo se encabritó y lo lanzó con fuerza al suelo.

Sufrió una grave fractura en la pierna.

Los vecinos sacudieron la cabeza. «Qué tragedia. Pobrecillo».

El viejo granjero solo dijo: «Quizá. Ya veremos».

Pasaron unos meses y el reino entró en guerra. Los soldados vinieron a reclutar a todos los jóvenes sanos.

Pero el hijo del granjero se salvó porque no era apto para la batalla por su pierna rota.

La mayoría de los demás jóvenes jamás volvieron a casa.

Esta vez, los aldeanos guardaron silencio.

Nos han enseñado a etiquetar las cosas como correctas o incorrectas, buenas o malas, éxitos o fracasos, como si la vida fuera tan absoluta. Pero la verdad es esta: los resultados rara vez son los que esperamos y no sabemos lo suficiente como para juzgar todo lo que se derivará de una elección.

En el momento en que tomas una decisión, es demasiado pronto para conocer todos los efectos que tendrá. Algunos serán buenos, otros malos y la mayoría imposibles de predecir. Una decisión de la que hoy te arrepientes puede ser precisamente la que te lleve a un descubrimiento el día de mañana. Un camino que parece poco claro o difícil puede estar alejando algo que no te servía.

La mayoría de los acontecimientos de la vida no son totalmente buenos o malos; con frecuencia encierran el potencial de ambos, dependiendo de cómo nos relacionemos con ellos. Pongamos el ejemplo de una erupción volcánica. Para quienes viven cerca, puede traer destrucción, pérdidas y malestar. Pero, con el tiempo, esa misma erupción enriquece el suelo y crea algunas de las tierras más fértiles del planeta. Regresan ecosistemas enteros, más vivos que antes.

Entonces ¿la erupción es una tragedia o una necesidad? El acontecimiento en sí mismo no lo decide; somos nosotros quienes lo hacemos. Para la Tierra, no es bueno ni malo; simplemente es. Es un proceso, no un juicio. No es la erupción la que tiene significado, sino la etiqueta que nosotros le atribuimos y la narrativa que creamos sobre ella en nuestra mente.

Así, se refleja una verdad mayor: todos los acontecimientos son intrínsecamente neutros. Somos nosotros quienes les asignamos significado, y la etiqueta que les otorgamos determina cómo nos sentimos respecto a una situación. Esto no pretende descartar la realidad del dolor. Hay innumerables acontecimientos en este mundo que son profundamente difíciles, dolorosos y trágicos. Pero es importante reconocer que, incluso en esos momentos, nuestras etiquetas pueden abrumarnos o ayudarnos a levantarnos.

Y lo mismo ocurre con las decisiones. Piensa en una decisión que consideres «buena». ¿Solo trajo resultados positivos? ¿O tuvo también algún coste? Una puerta cerrada, una conexión que se modificó, una parte de ti que, incluso ahora, se pregunta en silencio por un camino diferente.

Ahora recuerda una decisión que etiquetaste como «mala».

¿Solo te trajo arrepentimiento? ¿O te impulsó a crecer, reveló tus fortalezas, o te condujo hacia algo mejor que no podrías haber considerado?

La mayoría de las decisiones conducen a una mezcla de resultados, algunos esperados y otros no. Sin embargo, muchas veces juzgamos la decisión en sí misma como absolutamente buena o mala basándonos tan solo en cómo se ha desarrollado la historia hasta el momento.

Ni siquiera con las decisiones más pensadas y cuidadosamente planificadas, nunca tenemos un control total sobre los resultados. Esto significa que nuestro poder no reside en si la decisión sale tal como esperábamos, sino en cómo respondemos.

La verdad es que lo que sentimos respecto a una decisión depende mucho menos del resultado en sí que del significado que le damos.

A veces, el cambio más poderoso comienza simplemente por soltar la historia que nos hemos estado contando. Dejar ir la respuesta negativa («esto no debería haber pasado», «estuvo mal») no significa negar el dolor. Significa que dejamos de añadirle el peso del juicio.

Cuando no actúas con mala intención, no hay decisiones inherentemente «malas».

No hay caminos perfectos, como tampoco hay decisiones perfectas. Solo hay elecciones que limitan o expanden quién eres. Solo hay decisiones que están alineadas o desalineadas con quien te estás convirtiendo.

Y lo hermoso es que puedes sentir la diferencia. Tu cuerpo lo sabe. Tu respiración lo sabe.

Cuando tomas decisiones por miedo, ansiedad o necesidad de aprobación, algo dentro de ti se tensa. Esa tensión suele ser una señal de que estás eligiendo desde fuera hacia dentro, dejando que los resultados, las expectativas o las opiniones de otras personas dicten tu dirección. Y cuando haces eso, pones tu capacidad de encontrar la paz en manos de cosas que están totalmente fuera de tu control.

Pero cuando tomas decisiones desde dentro, guiado por la alineación, la intuición y tu sabiduría silenciosa, algo se suaviza y se expande. Aunque sea incómodo o incierto, hay una sensación de ligereza, de verdad, de volver a casa contigo mismo. Dejas de perseguir el resultado «correcto» y empiezas a honrar lo que es correcto para ti.

Cuanto más basamos nuestras decisiones en la verdad interior, más nos damos cuenta de que **no hay fracasos, solo hay invitaciones a crecer.** Ningún camino es un desperdicio. Cada decisión nos ofrece algo que necesitamos, ya sea claridad, sanación, fuerza, o recordarnos escuchar con más atención la próxima vez.

Cuando el crecimiento se convierte en el objetivo, el miedo comienza a disolverse. Así, liberas la presión de elegir el camino perfecto y te conviertes en la persona que puede recorrer cualquier camino con presencia, valor y paz.

Ahí es donde nace la verdadera confianza: no en tratar de controlar el futuro, sino en saber que puedes afrontar cualquier futuro.

Cuando tu paz echa raíces en el modo en que te enfrentas a la vida, y no en lo que la vida te da, comienzas a confiar en algo mucho más poderoso que el control.

Comienzas a confiar en tu capacidad para mantenerte centrado en medio de la incertidumbre. Para adaptarte, responder y evolucionar.

Dejas de dar vueltas en espiral cuando los planes se desmoronan.

Dejas de cuestionar cada paso que das.

Sigues sintiendo miedo, pero este ya no decide por ti. La incomodidad no es un problema que hay que resolver, es una señal de que vas por el buen camino. No es un signo de debilidad, sino de crecimiento. Y es la prueba de que ya no estás evitando convertirte en quien estás destinado a ser.

Es una señal de que eres una persona que confía en que, aunque las cosas se tuerzan, encontrará el camino de regreso. No porque el camino sea perfecto, sino porque sabes cómo escuchar.

No porque todo salga bien, sino porque ya no lo necesitas.

Piensa en la vida como si fuera una brújula.

No tienes que conocer cada giro y cada vuelta para llegar a tu destino. Solo debes dar el siguiente paso y confiar en que tu guía interior te llevará desde allí. Y si te desvías, la brújula no te sermonea. No te critica, ni te avergüenza, ni te considera tonto por tomar un camino equivocado. Tan solo te indica el norte para que puedas encontrar el camino de regreso. No tienes que entrar en pánico si tomas un «camino equivocado»; siempre puedes corregir el rumbo.

Tu guía interior nunca cuestiona tu valor.

Uno mismo lo hace.

La vida no exige perfección.

Uno mismo la exige.

Tu brújula interior, es decir, tu intuición, tu sabiduría más profunda, solo quiere guiarte hacia donde debes estar. No importa cuántas vueltas haya que dar.

Y, para ser sinceros, no hay camino sin obstáculos.

No hay senda sin baches.

No hay viaje sin retrasos inesperados.

Así que el objetivo no es elegir el camino perfecto. Es convertirte en la persona que confía lo suficiente en sí misma como para recorrer cualquier camino. Algunos caminos estarán mejor pavimentados. Otros serán más irregulares. Unos con mejor panorama. Pero todos ellos te llevarán a donde debes ir, siempre y cuando sigas eligiendo lo que te parece verdadero.

Recuerda: ninguna decisión es definitiva. No estás atado a un camino para siempre.

Tienes derecho a cambiar. A crecer. A superar quien has sido y a elegir una versión de ti mismo que te haga sentir más vivo, más libre, más completo.

Para llegar allí no tienes que tomar solo decisiones correctas. Al margen de lo que hagas, vas a cometer errores. Pero cuando tomas decisiones que te parecen verdaderas, recuperas no solo tu poder, sino también tu paz.

Y cuando escuchas tu voz interior, ganas algo mucho más grande que simples opciones: ganas libertad, incluida la libertad de cometer fallos.

No hay aprendizaje sin errores.

No hay crecimiento sin incomodidad.

No hay iluminación sin sufrimiento.

Todas son caras de la misma moneda.

Si bien es cierto que no puedes evitar los obstáculos inevitables de la vida, sin importar qué camino escojas, más vale que vivas una vida de liberación en tus propios términos.

Llevas toda tu vida tratando de evitar la elección equivocada. Pero ¿y si el único error de verdad fuera creer que no eres lo suficientemente fuerte para afrontar lo que la vida te depara?

CAPÍTULO 6

¿Y si mi decisión molesta a alguien que me importa?

> Uno de los mayores arrepentimientos de la vida es ser lo que otros quieren que seas, en lugar de ser tú mismo.
>
> SHANNON L. ALDER

A veces, tus decisiones molestarán a otros. Siempre habrá alguien que no esté de acuerdo y desapruebe lo que elijas hacer con tu vida. Pero eso no significa necesariamente que hayas tomado una mala decisión, sino tan solo que estás eligiendo honrar tu verdad en lugar de sus expectativas. Y para algunas personas, eso es incómodo, sobre todo si están acostumbradas a que renuncies a ti mismo.

Solemos estar condicionados, por la cultura, la familia, el trabajo o incluso los amigos, a creer que ser una «buena» persona implica mantener la paz, minimizar los conflictos y asegurarnos de que los demás se sientan bien, aunque eso nos cueste nuestra propia paz. Confundimos la aprobación con la felicidad, pensando que si tomamos la decisión «correcta» a los ojos de otros, por fin nos sentiremos completos.

Pero por mucha validación externa que consigas, nada te hará sentir que eres suficiente. Y con el tiempo, esa constante necesidad de quedar bien con los demás comienza a vaciarnos por dentro. Nos desconecta de nosotros mismos y pone nuestro sentido de valor en manos de la aprobación ajena.

Cuando les das más importancia a las opiniones y los deseos de los demás que a tu propia verdad, empiezas a perder de vista quién eres. Te conviertes en un eco de las expectativas de los otros, una vasija vacía que espera llenarse con su aprobación.

Pero la verdad que a la mayoría de nosotros nunca nos enseñaron es esta:

No tienes que sacrificar tu paz a cambio de la comodidad de otra persona.

Y la comodidad de otra persona nunca debe conseguirse a costa de tu crecimiento, tu alegría o tu sentido de alineación.

Su reacción no es tu responsabilidad, pero tu integridad sí lo es.

Y la verdadera pregunta no es: «¿Y si se molestan?», sino más bien: «¿Qué es más importante: tu paz o su aprobación?».

Lo mejor que les puedes pedir a los demás es su apoyo, no su validación. Su punto de vista, no su permiso.

Si alguien te hace sentir culpable por elegir lo que es verdadero para ti y te da vida, si se enfada porque eliges la alegría, el crecimiento o el descanso, debes preguntarte con amabilidad:

¿Realmente quieren que yo sea feliz, o quieren que los mantenga felices a costa de mi felicidad?

Es fácil confundir la culpa con haber hecho algo mal. Pero sentirse culpable suele ser solo un eco de un viejo condicionamiento, no una prueba de que hayas cometido un error. Sobre todo, cuando tu decisión no causa daño real, sino que tan solo decepciona a alguien que se beneficia con tu autosacrificio.

Quienes te quieren de forma condicional desearán que los elijas a ellos, aunque eso signifique que te abandones a ti mismo.

Las personas que te aman incondicionalmente querrán que elijas lo que te haga sentir vivo, a pesar de que eso implique un reto para ellos, cambie la relación o incluso implique renunciar a la idea que tenían de quién creían que eras.

Esto no significa que debas alejarte de las personas o endurecer tu corazón. No significa que debas destruir vínculos y justificarlo como empoderamiento. Significa que puedes aprender a mantener la compasión y los límites al mismo tiempo. Puedes seguir siendo amable sin dejar de ser fiel a ti mismo. Puedes seguir amando y, a la vez, ser honesto sobre lo que ya no funciona.

Al final, las relaciones cambiarán en la medida en que tú cambies. Algunas pueden desaparecer, no porque fueras demasiado, sino porque dejaste de ser demasiado poco.

Si eso pasa, no es una pérdida. Es una poda suave y deliberada de tu vida que libera lo que ya no te sirve. Un desprendimiento espiritual de quien fuiste, para que puedas hacer espacio para la persona en quien te estás convirtiendo.

Y si eso molesta a alguien, no quiere decir que haya algo malo en ti. Muchas veces, la ira es un dolor disfrazado, un duelo por la versión de ti a la que estaban aferrados, la versión que decía que sí cuando en el fondo quería decir que no. Y ese dolor puede manifestarse en forma de culpa, remordimiento o retirada.

Puedes honrar su dolor sin hundirte en él.

Puedes dar espacio a su dolor sin sacrificar tu propio crecimiento.

Tienes derecho a seguir creciendo, aunque los demás aún no lo entiendan.

Y puedes amarlos durante su proceso sin perderte en él.

Lo más amoroso que puedes hacer en esos momentos es asegurarles que tu amor por ellos no ha desaparecido. Solo está evolucionando. Puede que ya no sea como ellos esperaban, pero sigue siendo real. Sigue siendo amable. Aún puede ser amor.

Puedes atender sus sentimientos, explicarles tu decisión y ofrecerles apoyo emocional mientras les ayudas a superar su reacción. Pero puedes hacerlo sin dejar que sus emociones determinen o anulen tus decisiones.

Tratar de tener a todo el mundo contento es un intento inconsciente de controlar lo que no puedes controlar. Y es una de las formas más seguras de sufrir, porque mantiene tu autoestima vinculada a los estados emocionales de otras personas, una carga que no te corresponde.

Las personas que de verdad te quieren, no solo por lo que has sido para ellas, sino por lo que eres en esencia, desearán que te sientas completo. No solo agradable. No solo conveniente. Sino realizado, pleno y libre.

A veces, lo más amoroso que puedes hacer por otra persona es dejar de vivir tu vida para hacerla feliz, porque eso le da permiso para hacer lo mismo. Y a veces, lo más amoroso que puedes hacer por ti mismo es dejar atrás esa versión de ti que vivía con miedo a decepcionar a los demás.

El amor verdadero no te atrapa en la obligación.

Te invita a la libertad.

Y la libertad, con frecuencia, te pedirá que decepciones a los demás para que dejes de decepcionarte a ti mismo.

CAPÍTULO 7

Entonces ¿cómo tomar mejores decisiones?

> Decidir es un riesgo que nace del valor de ser libre.
>
> PAUL TILLICH

Como ya vimos, la forma en que nos sentimos respecto a nuestras decisiones —antes, durante y después de tomarlas— viene determinada por cómo las tomamos. Cuando elegimos desde el miedo, tratando de evitar el arrepentimiento, la pérdida o el juicio, solo conseguimos reforzar el miedo del que esperábamos escapar.

Pero cuando cambiamos nuestro enfoque de lo que no queremos por el de lo que sí queremos experimentar, cuando pasamos del miedo a la confianza, de la evitación a la alineación, algo sutil pero profundo comienza a cambiar. Dejamos de reaccionar y empezamos a crear.

Porque nuestra experiencia de la realidad no es algo que observamos pasivamente. Es algo que moldeamos de manera activa. No es fijo, es fluido.

Cada elección es una pincelada en el lienzo de nuestra existencia, y cuanto más elegimos desde el miedo, más pintamos con los colores de la limitación.

Pero lo contrario también es cierto.

Hay voces más profundas que nos llaman, en silencio, de forma constante, por debajo de todo el ruido: un deseo de paz, un sentido de verdad, la necesidad de crecer y el anhelo de vivir con más amor y posibilidades.

No las nombramos con frecuencia. Rara vez les damos prioridad. Pero cuando elegimos desde estos lugares comenzamos a vivir de modo diferente.

No son solo ideas, sino formas de ser que anhelamos y que estamos destinados a vivir.

Este tipo de decisión es lo que llamaremos una decisión actualizada.

Una decisión actualizada es una elección que no se toma por miedo, presión o necesidad de aprobación, sino desde la confianza en uno mismo, la alineación, la presencia y el amor.

A veces, la decisión más alineada da miedo, no porque sea incorrecta, sino porque te invita a superar los límites que antes necesitabas para sentirte seguro.

No garantiza el éxito, pero aporta paz en medio de la incertidumbre.

Las mejores decisiones no se toman desde el estrés y el pánico. Se toman cuando nos sentimos seguros, centrados y presentes. Aunque parezca contradictorio, al dejar de lado nuestro apego a los resultados, nos damos la mayor oportunidad de tomar la mejor decisión posible.

El psicólogo Abraham Maslow describió la pirámide de las necesidades humanas, desde las más básicas (como la comida y la seguridad) hasta las más elevadas: la autorrealización, la plena expresión de nuestro potencial y nuestro yo más auténtico. Un estado en el que tus pensamientos, acciones y valores comienzan a reflejar quién eres realmente, más allá del miedo, el condicionamiento o las expectativas externas.

Una decisión actualizada surge de ese mismo lugar.

LAS DIMENSIONES DE UNA DECISIÓN ACTUALIZADA

Si dejamos de elegir por miedo, necesitamos una guía diferente para reemplazarlo. Y ahí es donde la mayoría de la gente se queda atrapada, porque nunca nos enseñaron a reconocer algo más que una decisión segura. Pero para dar este cambio, tenemos que aprender a reconocer cómo tomar una decisión alineada.

En lugar de preguntarnos: «¿Cuál es la elección correcta?».

Tenemos que preguntarnos: **«¿Qué tipo de vida quiero crear con esta decisión?»**.

Y desde allí, comenzamos a elegir con intención.

Las experiencias más profundas que anhelamos —paz, alineación, crecimiento y abundancia— no son solo ideales abstractos. Son la base de una nueva forma de elegir: lo que llamaremos las cuatro dimensiones de una decisión actualizada.

Para que sean fáciles de recordar, forman el acrónimo **SAGE**:

- **Serenidad:** ¿Qué elección me proporcionará la paz más profunda?

- **Alineación:** ¿Qué elección se alinea con la persona que quiero llegar a ser?

- **Germinación:** ¿Qué elección me hace crecer más?

- **Emoción:** ¿Qué elección está guiada por el amor y la abundancia, y no por el miedo?

Esta no es una lista de verificación que hay que completar. Es una brújula que te ayuda a mantenerte alineado y te conduce con suavidad al camino cuando te desvías. Deja que te guíe, no hacia la respuesta «correcta», sino hacia la que se alinea con la persona en la que quieres convertirte.

Y, como cualquier brújula verdadera, no te critica cuando tomas un camino equivocado. No te avergüenza por perderte ni te castiga por cambiar de rumbo. Simplemente se recalibra, en silencio, con paciencia, y te ofrece un nuevo camino para seguir desde el lugar exacto en el que te encuentras.

Aunque el camino no sea claro, aunque no puedas ver lo que hay delante, esta brújula permanece. No exige perfección.

Te ofrece presencia.

Y cuanto más aprendes a confiar en ella, más te das cuenta de que nunca te has desviado del camino.

No te has quedado atrás. No te has roto.

Solo te has desconectado momentáneamente de tu propio conocimiento. Porque hay paz en recordar que no existe un camino perfecto.

Y cuando des un paso atrás y mires el mapa de tu vida, verás que cada giro —cada desvío, cada retraso, cada decisión— te llevaba al mismo lugar desde el principio: **de vuelta a casa, a ti**.

CAPÍTULO 8

El marco TRUST para tomar decisiones

(Un marco para tomar decisiones con confianza)

> Tu corazón conoce el camino. Corre en esa dirección.
>
> RUMI

Ahora que comprendes la filosofía de la toma de decisiones, vamos a condensarla en un marco sencillo, práctico y fácil de recordar que puedas utilizar cada día. El marco TRUST para tomar decisiones es una práctica de cinco pasos diseñada para ayudarte a romper con la parálisis por análisis y a tomar decisiones realistas que estén alineadas con quien eres y con quien te estás convirtiendo. Este marco es el proceso paso a paso para aplicar SAGE a nuestras decisiones diarias, sin importar cuán grandes o pequeñas sean. Cuando te encuentres atrapado en una espiral de indecisión, en un bucle de «qué pasaría si...» y en los peores escenarios posibles, haz una pausa, respira y sigue este proceso.

El marco TRUST no pretende darte la respuesta «correcta». Está diseñado para ayudarte a recordar lo que ya sabes: ese conocimiento que ha quedado enterrado bajo el miedo, el ruido y la presión. Está creado para que puedas dejar atrás el temor y la ansiedad de pensar demasiado y tomar decisiones desde un lugar de paz e intuición.

Pensar demasiado no significa que haya algo mal contigo. Significa que tu sistema nervioso está abrumado y que tu mente está tratando de protegerte de la única manera que sabe: buscando el control. Pero intentar tener el control de lo que no podemos controlar no nos brinda claridad, sino que nos agobia. Por tanto, este marco no busca luchar contra la mente, sino redirigirla con delicadeza hacia algo más profundo: tu verdad.

A medida que recorres cada paso, responde a las preguntas con la mayor honestidad y compasión posibles. Cancela el juicio —sobre ti mismo, tus circunstancias y tus incertidumbres—; este no te da claridad, solo te mantiene atrapado en el miedo.

Al final de este proceso, no solo tendrás una respuesta. Obtendrás algo mucho más poderoso: una decisión que se sienta verdadera. Una que no proviene del miedo o de la necesidad de complacer a los demás, sino de la claridad, la alineación y la confianza en ti mismo.

T: TOMA AIRE HACIENDO CINCO RESPIRACIONES PROFUNDAS

Antes de nada, vuelve a conectar con tu cuerpo. Pensar en exceso suele ser una señal de que estás atrapado en tu cabeza, desconectado de tu sabiduría interior.

Respirar cinco veces profunda e intencionadamente activa tu sistema nervioso parasimpático, te ancla en el momento presente y la tormenta comienza a calmarse. Es el primer paso que te llevará de la reacción a la claridad, del miedo a la verdad.

No se toman grandes decisiones en medio del pánico. Se toman cuando te sientes seguro, centrado y presente.

PRÁCTICA:

- Regula tu sistema nervioso con cinco respiraciones lentas y profundas.

- Prueba la técnica de respiración 2 a 1: inhala durante cuatro segundos y exhala durante ocho.

R: REVELA LA DECISIÓN RAÍZ

Cuando nos sentimos abrumados, solemos perder de vista la decisión real que estamos tratando de tomar. Nuestra mente se enfrasca en una espiral de hipótesis sin fin y la elección se magnifica hasta convertirse en algo mucho más grande de lo que en realidad es.

En lugar de perderte en el ruido, enfócate: ¿cuál es la verdadera decisión que debes tomar?

No confundas los síntomas con la causa. Por ejemplo, si estás considerando dejar tu trabajo, tu mente puede estar preocupada por lo que pensará tu jefe, si tus compañeros se sentirán decepcionados o si encontrarás otro empleo pronto. Pero todo eso es solo ruido.

Redúcelo a lo esencial. La decisión raíz es: «¿Me quedo o me voy?». Nombrar la decisión real te da alivio y es el primer paso para aclarar las cosas. La simplicidad acaba con la confusión.

PRÁCTICA:

- Expresa la decisión a la que te enfrentas en una frase clara. No incluyas los posibles resultados o emociones, solo la decisión en cuestión. Por ejemplo, «¿Me quedo en este trabajo o me voy?».

- ¿Qué acontecimiento desencadenó esta decisión? Por ejemplo, «Mi jefe ha criticado mi trabajo».

U: UBICA EL MIEDO Y SU COSTE

En la raíz del exceso de pensamiento está el miedo. No la clase de miedo ruidoso que grita peligro, sino el más silencioso que se disfraza de responsabilidad, duda y control. Para superarlo, primero tenemos que nombrarlo.

¿Qué miedo te provoca esta decisión? ¿Qué temes que pasará si eliges mal? Nombrar el miedo no le da poder, sino que te devuelve el tuyo. Una vez que ves el miedo con claridad, este comienza a perder su control sobre ti. Y cuando comprendes por qué piensas demasiado, dejarlo ir se vuelve natural.

Pero el miedo a un mal resultado no es lo único que nos paraliza. Es el significado que le atribuimos al resultado lo que hace que el miedo sea tan intenso. No es solo «Podría fracasar». Es «Si fracaso, significará que no soy lo suficientemente bueno». La historia que nos contamos a nosotros mismos es lo que nos atrapa. Si podemos identificar la historia, no como una verdad, sino como un hábito que ya no nos sirve, podemos comenzar a disolverla.

Pero las historias que han vivido dentro de nosotros durante años no se desmantelan solo con la lógica. Sus raíces son profundas y se aferran hasta que reconocemos el verdadero coste de creer en ellas. El miedo exige un alto precio: nuestra paz, nuestro tiempo, nuestra confianza, nuestros sueños. Pregúntate: «¿Qué me ha quitado ya el miedo? Si sigo escuchándolo, ¿dónde estaré dentro de un año? ¿Y dentro de cinco? ¿Y dentro de diez?».

Con frecuencia nos mueve más el dolor de lo que estamos perdiendo que la promesa de lo que podríamos ganar. Cuando ves de forma clara todo lo que el miedo ya te ha quitado, y lo que seguirá quitándote, encuentras una valentía más profunda. Una fuerza que surge no porque seas valiente, sino porque ya no estás dispuesto a cambiar tu vida por la ilusión de la seguridad.

En algún momento, el coste de ir a lo seguro se vuelve mayor que el riesgo de ser fiel a uno mismo, y esa es una decisión que no toma la mente, sino el alma.

PRÁCTICA:

- ¿Qué temes que pueda pasar si eliges mal? ¿Qué te preocupa que signifique para ti equivocarte? Por ejemplo, «Fracasaré, no soy lo suficientemente bueno».

- ¿Qué te está costando este miedo? Por ejemplo, «Buscar constantemente la validación está minando mi confianza en mí mismo».

S: SALTA DEL MIEDO A LA INTUICIÓN

Aquí es donde todo cambia.

Si todo el miedo desapareciera, si todas las voces de duda, expectativa y juicio desaparecieran, ¿qué elegirías?

¿Qué te hace sentir más pleno?

Cambia tu enfoque hacia las emociones que deseas cultivar. ¿Qué posibilidad te resulta más atractiva? ¿Qué elección contiene más paz, libertad, amor o alegría?

Deja que tu intuición hable. Deja que te guíe. Escucha tu voz interior, no las de los demás, aunque sean bienintencionadas. Así es como pasas de tomar decisiones desde fuera hacia dentro a hacerlo desde dentro hacia fuera. De la reacción a la alineación. De la contracción a la expansión.

Muchas veces lo sentirás como un cambio sutil, no como fuegos artificiales, sino como un suspiro de alivio. Una expansión en el pecho. Una relajación de la mandíbula. Una sensación de estar menos en guerra contigo mismo.

Recuerda que, en esencia, no hay decisiones buenas o malas, correctas o incorrectas. Solo hay decisiones que están alineadas o no con quien eres. Tu futuro está determinado mucho menos por el resultado que por la respuesta que le des. La verdadera confianza no viene de intentar controlar lo que sucede, sino de confiar en que puedes navegar por cualquier situación que se presente.

Cuando tengas dudas, pregúntate: «¿Qué decisión se basa en el miedo?, ¿cuál se basa en el amor y la expansión?».

PRÁCTICA:

- Siguiendo los principios de SAGE, ¿qué opción te aportará más paz, armonía y crecimiento a largo plazo, aunque te dé miedo elegirla?

- Deja de juzgar y date permiso para considerar esta opción como una posibilidad real. ¿Cómo te sentirías si la eligieras?

- Si dejas de lado tu apego a los resultados y confías en que podrás afrontar cualquier cosa que suceda, ¿qué te dice tu intuición que elijas?

- Anota tu decisión actualizada.

T: TOMA LA ACCIÓN MÁS PEQUEÑA POSIBLE

Con frecuencia nos paralizamos, no porque la decisión sea incorrecta, sino porque nos parece demasiado grande, demasiado aterradora como para afrontarla.

¿El antídoto? Hazla más pequeña.

Pregúntate: «¿Cuál es el paso más pequeño que puedo dar ahora mismo? Uno que sea tan factible que parece casi una tontería no hacerlo».

No cambiar toda tu carrera profesional, solo actualizar tu currículum.

No escribir todo el libro, solo empezar la primera frase.

No completar todo el entrenamiento, solo ir al gimnasio.

La meta no es terminar. Es comenzar.

Porque una vez que empiezas a moverte, ya no estás estancado, te estás transformando.

PRÁCTICA:

- ¿Cuál es el primer pequeño paso que puedes dar para hacer realidad esta elección?

TRUST
Marco de toma de decisiones con confianza

1. **T**oma aire haciendo cinco respiraciones profundas

   - Regula tu sistema nervioso con cinco respiraciones lentas y profundas. Prueba la técnica de respiración 2 a 1: inhala durante cuatro segundos y exhala durante ocho.

2. **R**evela la decisión raíz

- Expresa la decisión a la que te enfrentas en una frase clara. No incluyas posibles resultados o emociones, sino solo la decisión en cuestión.

- ¿Qué acontecimiento desencadenó esta decisión?

3. **U**bica el miedo y su coste

- ¿Qué temes que pueda pasar si eliges mal? ¿Qué te preocupa que signifique para ti equivocarte?

- ¿Qué te está costando este miedo?

4. **S**alta del miedo a la intuición

- Siguiendo los principios de SAGE, ¿qué opción te aportará más paz, armonía y crecimiento a largo plazo, aunque te dé miedo elegirla?

- Deja de juzgar y date permiso para considerar esta opción como una posibilidad real. ¿Cómo te sentirías si la eligieras?

- Si dejas de lado tu apego a los resultados y confías en que podrás afrontar cualquier cosa que suceda, ¿qué te dice tu intuición que elijas?

- Anota tu decisión actualizada.

5. **T**oma la acción más pequeña posible

- ¿Cuál es el primer pequeño paso que puedes dar para hacer realidad esta elección?

CAPÍTULO 9

Conclusión:
Una nueva perspectiva

Elige siempre la opción que más miedo te dé,
porque es la que más te exigirá. ¿De verdad
quieres mirar atrás y ver lo maravillosa que podría haber sido tu vida si no hubieras tenido
miedo de vivirla?

CAROLINE MYSS

La raíz del exceso de pensamiento es el miedo: miedo a tomar la
decisión «equivocada», a fracasar, a quedar en evidencia como
un fraude, al juicio ajeno, a no ser suficiente. Y cuanta más atención prestamos a ese miedo, más real se vuelve.

Porque la realidad no está fija, sino que se crea en función de
en dónde nos enfocamos, en lo que creemos y en lo que alimentamos con nuestra atención.

Luchamos con la indecisión no por la decisión en sí misma,
sino por el peso emocional que le damos: la creencia de que un
paso en falso podría descomponerlo todo.

La mente anhela certeza. Anhela seguridad.

Pero la vida no ofrece ni garantías ni control, solo oportuni-
dades.

Ofrece algo más sagrado: elección.

La libertad de empezar de nuevo. El poder de crear lo que sigue.

El trabajo no consiste en eliminar el miedo.

Consiste en que ya no elija por ti.

El miedo no es una señal de stop, sino una invitación. No te advierte del peligro, te indica dónde se encuentra el crecimiento más significativo. El miedo no es el enemigo, es una guía. Surge no para frenarte, sino para mostrarte lo que más importa. Si no significara nada, no lo sentirías.

La paradoja del miedo es que al evitarlo se perpetúa. Enfrentarte a él lo disuelve. Evitar el miedo implica que también estás eludiendo todo lo que deseas. El miedo se interpone entre tú y la vida que deseas, no como un muro, sino como una prueba. No es un obstáculo en el camino, es el camino. El precio de tus sueños es el miedo. Nada más.

La felicidad no es el resultado del abandono de nosotros mismos. Y la libertad personal no es algo que se concede con el permiso de los demás. En el momento en que dejas de buscar la opción «correcta» y empiezas a confiar en la que tú sientes correcta, el peso comienza a desaparecer. No porque la decisión en sí misma sea más fácil, sino porque dejas de resistirte a lo que ya sabes.

Quienes te aman de verdad quieren tu felicidad auténtica, no tu sometimiento. El mayor regalo que puedes ofrecerles no es tu sacrificio, sino tu florecimiento. Quizá, entonces, la decisión más valiente no sea el sacrificio personal, sino la confianza en uno mismo.

CAPÍTULO 10

El umbral ante ti

> Somos la fuerza creativa de nuestra vida y, a través de nuestras decisiones, más que de nuestras condiciones, si aprendemos cuidadosamente a hacer ciertas cosas, podemos alcanzar esos objetivos.
>
> STEPHEN COVEY

Ya has empezado a cambiar.

Quizá de forma silenciosa. Sutil. De maneras que ni siquiera esperabas.

El modo en que veías la indecisión, el peso que has estado cargando, los patrones que no podías nombrar... ahora todo ha salido a la luz.

Esta nueva perspectiva no es solo una visión; es una transformación en marcha.

Has visto la verdad: que la forma en que has estado tomando decisiones ya no funciona, no porque estés roto, sino porque la has superado. Ahora tienes una nueva lente, y un nuevo lenguaje, para elegir.

Porque una vez que miras a través de la lente de la verdad, no puedes dejar de verla. Una vez que recuerdas que puedes confiar en ti mismo, no puedes volver a abandonarte de la misma manera.

Has cruzado un umbral y ya no hay vuelta atrás.

Pero la información por sí sola no cambia tu vida. Tienes que integrarla.

Por eso, lo que viene a continuación trata sobre cómo hacerla tuya, cómo encarnarla. Trata sobre traducir lo que ha despertado en tu interior a la forma en que te mueves por el mundo. No de manera perfecta, sino intencionada. No por los demás, sino, en definitiva, por ti mismo.

Las siguientes páginas no son meros ejercicios. Son tu invitación a empezar de nuevo, no como la persona que has tenido que ser, sino como la persona en la que finalmente estás listo para convertirte.

Aquí los tienes:

- **Principios para la toma de decisiones**
  Tu brújula interna. Un mapa refinado de las verdades que has descubierto, para que nunca pierdas el rumbo cuando los viejos hábitos intenten arrastrarte hacia atrás.

- **Reconócete como alguien que toma decisiones**
  Indicaciones poderosas para ayudarte a descubrir cómo has estado tomando decisiones y lo que te ha costado, y transformar el modo en que eliges.

- **TRUST: ponte en práctica**
  Guía paso a paso para ayudarte en los momentos en los que luchas con la indecisión, para que dejes de dar vueltas, empieces a elegir y comiences a vivir en armonía.

- **Pequeños actos de confianza en ti mismo**
  Ejercicios sencillos y divertidos para reconfigurar tu relación con las decisiones, entrenando a tu sistema nervioso para que responda no con miedo, sino con claridad y confianza.

Las siguientes secciones tratan sobre cómo la teoría se convierte en sabiduría vivida por medio de la práctica.

La vida que has anhelado ya no es una idea lejana.

Está aquí, pidiéndote que participes.

Aquí es donde se hace realidad.

Ahora tienes la oportunidad de construir una vida que lo refleje.

No una vida basada en la aprobación.

No una vida sustentada en el miedo.

Sino una vida que te haga sentir como en casa en tu alma.

Esto no es solo un nuevo capítulo.

Es un redescubrimiento de quién eres realmente.

Te has abandonado a ti mismo durante demasiado tiempo.

Es momento de que vuelvas a confiar en ti.

CAPÍTULO 11

Guía para utilizar este libro de la forma más eficaz

Cuando te sientas perdido o desconectado de la claridad, vuelve a los «Principios para la toma de decisiones». Es tu brújula, un mapa refinado de las verdades más profundas de este libro. Deja que te centre.

Cuando luches contra la indecisión, realiza el ejercicio TRUST. Está diseñado para ayudarte a pasar del miedo a la claridad, de los pensamientos en espiral a una alineación sólida.

Cuando estés listo para comprender los patrones que hay detrás de tus elecciones, dedica tiempo a la sección «Reconócete como alguien que toma decisiones». Te ayudará a revelar qué ha estado dando forma a tus decisiones y qué quieres cambiar en el futuro.

Cuando quieras practicar de forma lúdica la confianza en ti mismo en los momentos cotidianos, elige un reto de «Pequeños actos de confianza en ti mismo». Estas invitaciones de bajo riesgo te ayudarán a poner en práctica lo que has aprendido de manera divertida, liberadora y sorprendentemente poderosa.

PRÁCTICA SUGERIDA

No necesitas seguir una secuencia fija, pero si quieres experimentar los cambios más profundos que este libro puede ofrecerte, seguir este sencillo plan puede ayudarte a integrar las ideas en tu vida diaria y crear un cambio real y duradero:

✓ **Cada vez que te encuentres pensando demasiado en una decisión:**
Revisa los «Principios para la toma de decisiones» y completa el ejercicio TRUST para pasar de la confusión a la claridad.

✓ **Una vez al día:**
Responde a una pregunta de «Reconócete como alguien que toma decisiones» para comprender mejor cómo tomas decisiones y comenzar a transformar tu forma de elegir.

✓ **Una vez a la semana:**
Realiza un pequeño acto de confianza en ti mismo para desarrollar poco a poco tu valentía y para que te acuerdes de que puedes confiar en tu guía interior, una pequeña elección cada vez.

Escanea el siguiente código QR para descargar versiones imprimibles, en inglés, de todos los marcos, principios y herramientas clave para la toma de decisiones de este libro.

CAPÍTULO 12

Principios para la toma de decisiones

Esta es una recopilación de las verdades más poderosas y transformadoras de este libro. No se trata solo de conceptos que hay que comprender, sino de puntos de referencia que te guían y acompañan. Lentes para ver de otra manera. Anclas a las que volver. Recordatorios de la sabiduría más profunda que ya llevas dentro.

Léelos despacio, no solo con la mente, también con el corazón. Presta atención a aquello que resuena en ti. ¿Qué expande tu perspectiva o cambia sutilmente tu forma de pensar? ¿Qué te parece verdadero?

Permite que cada principio sea más que un consejo. Dale la oportunidad de que sea un espejo que refleje la versión de ti que ya sabe qué hacer cuando te conectas contigo mismo. Vuelve a esta página cada vez que experimentes incertidumbre. No para encontrar la respuesta «correcta», sino para volver a alinearte con la persona en la que te estás convirtiendo. La versión de ti que confía en ti mismo. Que elige desde el amor, no desde el miedo. Que toma decisiones no para evitar la vida, sino para vivirla plenamente.

MIEDO Y PROTECCIÓN

1. La raíz del exceso de pensamiento es el miedo.
2. No estás atrapado en la indecisión porque no sabes qué hacer. Estás atrapado porque temes lo que puedes perder si eliges mal.
3. El miedo no es una indicación de que algo va mal, sino de que estás a punto de hacer algo bien.
4. El miedo no es una señal de stop, es una brújula que apunta hacia lo que más importa.
5. El miedo no es un obstáculo. Es el camino.
6. El miedo y el deseo son dos caras de la misma moneda. Al otro lado del miedo está todo lo que buscas en la vida.
7. El miedo deja de controlarte en el momento en que decides que tu paz y tu crecimiento son más importantes que evitar aquello que te da miedo.
8. Cada decisión es un paso hacia el miedo o hacia la libertad.

INTUICIÓN Y SABIDURÍA INTERIOR

9. La mente piensa, pero la intuición sabe.
10. La mente te convencerá de que no sabes qué elegir, aunque tu intuición siempre lo sepa.
11. Las mejores decisiones de tu vida nunca se encontrarán en la lógica de la mente. Se sentirán en el conocimiento intuitivo de tu corazón.
12. La claridad que buscas no llega antes de tomar una decisión. Llega en el momento de tomarla.
13. Nadie más tiene que entender tu decisión para que sea la correcta para ti.
14. Date el permiso que esperas que te den los demás.

CRECIMIENTO, ALINEACIÓN Y ELECCIÓN

15. Uno de los mayores poderes que poseemos es la elección.
16. No hay decisiones intrínsecamente correctas, incorrectas o perfectas, solo decisiones alineadas o desalineadas.
17. En el fondo de cada decisión se encuentra esta pregunta: ¿te limitará como persona o te ayudará a crecer?
18. La mejor decisión es aquella que aporta más paz, alineación y crecimiento a largo plazo.
19. El propósito de la vida no es acertar, sino crecer. El peso de la decisión se aligera cuando te das cuenta de que, elijas lo que elijas, vas a crecer.
20. Para crear una vida que ames, toma decisiones basadas en lo que quieres, en lugar de tomarlas para evitar lo que temes.
21. Ninguna decisión es definitiva. Siempre puedes volver a elegir.

CONFIANZA EN UNO MISMO Y LIBERTAD EMOCIONAL

22. Si la paz requiere traicionarte a ti mismo, no es paz; es complacer a los demás.
23. Las personas que de verdad te quieren no necesitarán que renuncies a ti mismo para amarte.
24. La mayoría de los consejos provienen de otras personas diciéndote lo que ellas harían, pero no pueden decirte lo que es mejor para ti.
25. Tu enfoque determina tus decisiones.
26. Tu enfoque es un imán mental: aquello en lo que pones tu atención es lo que más atraes a tu vida.
27. La emoción desde la que tomas una decisión es la emoción que refuerzas.

28. La atención es la arquitecta de tu realidad.

29. Ningún resultado es absolutamente bueno o malo. Cada resultado contiene consecuencias tanto positivas como negativas.

30. Tenemos el poder sobre cómo tomamos las decisiones, pero no sobre sus resultados. Quién eres no se determina por lo que sucede, sino por cómo respondes a ello.

31. La paz y la confianza no provienen de intentar controlar los resultados, sino de confiar en que serás capaz de afrontar cualquiera de ellos.

32. En última instancia, no es el resultado lo que define tu camino. Es tu respuesta lo que da forma a tu vida.

Cada decisión trae consigo algo bueno, algo malo, algunas lecciones y algo de suerte. Lo único seguro es que la indecisión le roba muchos años a la gente que termina deseando haber tenido el valor de dar el salto.

DOE ZANTAMATA

II

RECONÓCETE COMO ALGUIEN QUE TOMA DECISIONES

Reflexiones guiadas para comprender y transformar tu forma de elegir

En cualquier momento, tenemos dos opciones:
dar un paso adelante hacia el crecimiento
o dar un paso atrás hacia la seguridad.

ABRAHAM MASLOW

PARTE 1

Autodescubrimiento

Sin conciencia, nada puede cambiar. Con ella, todo cambia. Esta sección no trata de juzgar tus patrones, sino de observarlos. La forma en la que tomas decisiones ha sido moldeada por experiencias, creencias y miedos, la mayoría de las veces sin que seas consciente de ello. El objetivo no es arreglar nada de inmediato, sino simplemente que te des cuenta de lo que te ha estado guiando.

Aquí no hay **respuestas correctas o incorrectas**. Tómate tu tiempo, no hay prisa. Acércate con curiosidad, como si te descubrieras a ti mismo por primera vez. La conciencia es el primer paso para el cambio. Sé amable contigo mientras respondes a las preguntas. No pretenden abrumarte, sino ayudarte a revelar las fuerzas ocultas que influyen en tus decisiones.

Lo que descubras puede sorprenderte, pero eso no es un problema, es una puerta de entrada. Cuanto más sincero seas, más liberador será. Al final, te verás a ti mismo, y tus decisiones, bajo una luz completamente nueva.

Antes de completar la siguiente sección, responde a esta pregunta para ayudarte a empezar a reflexionar sobre tu toma de decisiones:

¿Cuáles son algunas de las decisiones que has tomado recientemente en las que pensaste demasiado? No importa que el resultado de estas decisiones haya sido bueno o malo, lo que importa es cómo te sentiste durante el proceso. Anótalas, ya que
pueden ser recuerdos útiles a los que recurrir al responder las
siguientes preguntas.

CAPÍTULO 13

Revelando los patrones ocultos

Tomar conciencia de tu proceso actual de toma de decisiones

¿Cómo te describirías como persona que toma decisiones?
¿Cómo es tu típico proceso de toma de decisiones?

_____

_____

_____

_____

_____

¿Piensas en exceso las decisiones?

NADA   **INTENSAMENTE**

(1)   (2)   (3)   (4)   (5)

¿Qué porcentaje de tus decisiones dirías que piensas demasiado?

NINGUNA   **TODAS**

(1)   (2)   (3)   (4)   (5)

¿Qué tipo de decisiones tienden a provocar un exceso de reflexión y cuáles no?

Decisiones sobre las que pienso en exceso	Decisiones sobre las que no pienso en exceso

¿Por qué piensas que es así?

_____

_____

_____

_____

_____

_____

_____

_____

_____

_____

_____

_____

_____

_____

_____

¿Qué te provoca el exceso de pensamiento? (Considera los síntomas físicos y psicológicos).

Físicos	Psicológicos
¿Qué patrones observas en cómo sueles sentirte y reaccionar antes, durante y después de tomar una decisión difícil?	ANTES
DURANTE	DESPUÉS

Si alguien cercano a ti observara tu proceso de toma de decisiones, ¿dónde vería que te cuesta más trabajo?

_____

_____

_____

_____

_____

_____

_____

_____

_____

¿Sientes que tomas mejores decisiones cuando piensas demasiado? ¿Por qué sí o por qué no?

_____

_____

_____

_____

_____

_____

_____

_____

_____

_____

Cuando te está costando trabajo tomar una decisión, por lo general, ¿qué es lo que te lleva a tomarla finalmente? ¿Qué te ayuda a superar el exceso de reflexión?

¿Qué te gustaría cambiar sobre tu forma de tomar decisiones?

CAPÍTULO 14

El papel de las emociones

Comprender cómo nuestras emociones influyen en nuestra toma de decisiones más de lo que podríamos pensar

¿Qué emociones sientes con mayor intensidad cuando tienes que tomar decisiones difíciles? Asegúrate de anotar todas las emociones: positivas, negativas y neutras.

_____

_____

_____

_____

_____

¿Tomas decisiones basadas más en el miedo o en el crecimiento?

MIEDO   **CRECIMIENTO**

(1)   (2)   (3)   (4)   (5)

¿Por qué crees que es así?

_____

_____

_____

_____

_____

_____

¿Con qué frecuencia influye el miedo en tu proceso de toma de decisiones?

NUNCA   **SIEMPRE**

(1)   (2)   (3)   (4)   (5)

¿Cómo se manifiesta este miedo en tu mente y en tu cuerpo?

Mente	Cuerpo

¿Cómo te sientes cuando tomas decisiones desde un lugar de miedo? ¿Cómo te sientes durante la decisión? ¿Y después?

_____

_____

_____

_____

_____

¿Cuáles son tus mayores miedos en el momento de tomar decisiones?

¿De dónde crees que provienen estos miedos? ¿En qué otros aspectos de tu vida se manifiestan?

Miedo	Origen	Dónde aparece

CAPÍTULO 15

La influencia de la presión externa

Descubrir cómo las opiniones y fuerzas externas afectan a nuestras decisiones

¿De quién buscas la aprobación, consciente o inconscientemente, cuando tomas decisiones? ¿Por qué quieres su validación?

_____

_____

_____

_____

_____

_____

_____

¿Qué crees que pasaría si decepcionas a alguien con tu decisión?

_____

_____

_____

_____

_____

_____

_____

¿Qué piensas que significaría para ti decepcionar a alguien que te importa?

_____

_____

_____

_____

_____

_____

_____

Si una decisión te parece profundamente acertada, pero podría molestar a alguien que te importa, ¿qué suele tener más peso: su comodidad o tu tranquilidad?

SU COMODIDAD   **TU TRANQUILIDAD**

(1)   (2)   (3)   (4)   (5)

¿Por qué crees que es así?

_____

_____

_____

_____

_____

_____

_____

_____

Si decepcionarlos significara alcanzar la paz para ti, ¿te lo permitirías?

_____

_____

_____

_____

_____

_____

_____

_____

_____

_____

¿De dónde crees que viene esta necesidad de complacer y no decepcionar a los demás? ¿Recuerdas cuándo la sentiste por primera vez?

_____

_____

_____

_____

_____

_____

_____

_____

_____

_____

_____

_____

CAPÍTULO 16

Reconocer los juicios y las narrativas

Revelar las historias internalizadas que han moldeado tus elecciones

¿Qué preguntas suelen pasar por tu mente cuando no estás seguro de qué elegir al tomar una decisión? ¿Te aportan claridad o más confusión?

_____

_____

_____

_____

_____

¿Qué crees que debes evitar a toda costa al tomar una decisión? ¿Qué emociones o resultados te parecen intolerables? ¿Por qué crees que es así?

_____

_____

_____

_____

_____

_____

¿Cómo definirías una decisión «correcta»? ¿Y una «incorrecta»?

«CORRECTA»

_____

_____

_____

_____

_____

«INCORRECTA»

_____

_____

_____

_____

¿Dónde crees que aprendiste estas definiciones?

_____

_____

_____

_____

_____

_____

_____

_____

_____

_____

_____

¿Estas definiciones son útiles? Si no es así, ¿cómo las redefinirías?

¿Qué crees que significaría para ti tomar una decisión «incorrecta»?

¿Qué crees que es más fiable: tu intuición o tu lógica? ¿Por qué? ¿Seguir a tu intuición o a tu lógica te ha llevado a crear la experiencia de vida que realmente deseas?

_____

_____

_____

_____

_____

_____

_____

_____

_____

_____

¿Cuánto confías en ti mismo a la hora de tomar decisiones?

NADA   **COMPLETAMENTE**

(1)   (2)   (3)   (4)   (5)

¿Por qué crees que es así?

_____

_____

_____

_____

_____

_____

_____

_____

¿Te sientes inmediatamente en paz con tus decisiones después de tomarlas?

NUNCA   **SIEMPRE**

1 2 3 4 5

Observa tus respuestas a las dos preguntas anteriores (¿cuánto confías en ti mismo? / ¿te sientes inmediatamente en paz?). ¿A qué conclusiones puedes llegar al analizar estas dos respuestas juntas?

_____

_____

_____

_____

_____

_____

_____

¿Confías en que estarás bien, independientemente del resultado de tus decisiones? ¿Por qué sí o por qué no?

_____

_____

_____

_____

_____

_____

_____

_____

¿Cómo sueles reaccionar cuando el resultado de tus decisiones no es el que esperabas? ¿Cómo te gustaría reaccionar idealmente ante estas situaciones?

CAPÍTULO 17

Comprender el coste de pensar demasiado

Todo en la vida tiene un coste, pero no todo vale el precio que pagamos

¿Cuál de estos aspectos tiendes a priorizar más a la hora de tomar una decisión?

O Lo que hará felices a los demás.

O Lo que te hace sentir más seguro.

O Lo que parece más lógico.

O Lo que se alinea con lo que quieres llegar a ser.

¿Qué partes de ti dejas a un lado cuando intentas que los demás se sientan cómodos?

_____

_____

_____

_____

_____

_____

_____

Cuando quieres protegerte de cometer un error, ¿qué aspectos surgen que desearías que no afloraran?

_____

_____

_____

_____

¿Qué partes de ti mismo reprimes o ignoras cuando tomas decisiones?

_____

_____

_____

_____

¿Qué se gana permaneciendo en la indecisión? ¿Cuál es el coste que se pierde con ello?

Ganancia	Coste

¿Cuál es el coste de escuchar constantemente al miedo cuando tomas decisiones en lugar de confiar en ti mismo?

_____

_____

_____

_____

CAPÍTULO 18

Reflexión

Lee tus respuestas y reflexiona sobre ellas desde una perspectiva de curiosidad. ¿Qué has descubierto sobre ti mismo a partir de tus respuestas? ¿La forma en que has estado abordando la toma de decisiones te ha ayudado o perjudicado? ¿Qué cambios harías? ¿Cómo te sentirías al llevarlos a cabo?

PARTE 2

Reinvéntate

Ahora que eres consciente de las fuerzas invisibles que han estado influyendo en tus decisiones, tienes el poder de cambiarlas. La sección que acabas de completar ha revelado cómo has estado tomando decisiones, muchas veces por miedo, presión o necesidad de hacerlo «bien». La siguiente sección trata sobre algo más profundo: elegir quién quieres ser como tomador de decisiones. No como alguien que reacciona ante la vida, sino como su arquitecto.

La mayoría de nosotros no nos detenemos a imaginar cómo sería tomar decisiones basándonos en la paz, la confianza en nosotros mismos y la armonía. Pero eso es precisamente lo que esta sección te va a ayudar a hacer. Una vez que hayas aclarado tus valores, tu brújula interior y lo que realmente te hace crecer, ya no necesitarás buscar la respuesta correcta. Te convertirás en el tipo de persona que la crea.

Antes de completar la siguiente sección, responde a esta pregunta para ayudarte a empezar a imaginar cómo sería una toma de decisiones positiva:

¿Cuáles son algunas de las decisiones que has tomado recientemente en las que no has pensado demasiado en el momento de decidir y simplemente has confiado en ti mismo? No importa que el resultado haya sido bueno o malo, lo que importa es cómo te sentiste durante el proceso. Anótalas, ya que pueden ser recuerdos útiles a los que recurrir al responder a las siguientes preguntas.

CAPÍTULO 19

Vuelve a tu sabiduría interior

Reconecta con la guía más profunda que siempre ha estado dentro de ti

Cuando piensas en algunas de las mejores decisiones que has tomado en tu vida, ¿cómo fue el proceso de tomarlas?

_____

_____

_____

_____

_____

_____

Piensa en alguna ocasión en la que viste a alguien tomar una decisión que te pareció admirable. ¿Qué te asombró de la forma en que lo hizo? ¿Hay algo de su proceso que te gustaría imitar?

_____

_____

_____

_____

_____

_____

¿En qué te basaste o en qué confiaste para tomar esas decisiones? ¿Surgieron de la lógica o del conocimiento? ¿De la seguridad o del deseo de crecer?

_____

_____

_____

_____

_____

_____

_____

¿Cómo te sentirías al tomar decisiones sin miedo, sin juicios y sin presiones que guíen el proceso?

_____

_____

_____

_____

_____

¿Cómo quieres sentirte durante y después de tomar decisiones, y qué necesitarías hacer para sentirte así?

_____

_____

_____

_____

_____

_____

CAPÍTULO 20

Libérate de los miedos y las viejas creencias

Dejar ir las creencias que nos han ayudado a llegar a donde estamos, pero que ya no nos sirven

¿Qué creencias te hacen seguir pensando demasiado en el momento de decidir?

_____

_____

_____

_____

_____

_____

¿Cómo cambiaría tu vida si las dejaras ir?

_____

_____

_____

_____

_____

_____

¿Cómo cambiaría tu vida si tus decisiones priorizaran tu crecimiento personal en lugar de los resultados, el éxito externo o la
validación?

_____

_____

_____

_____

_____

_____

_____

_____

_____

¿Qué pasaría si creyeras que todos los resultados externos son
una consecuencia del crecimiento interno? ¿Cómo cambiaría
eso tu forma de vivir?

_____

_____

_____

_____

_____

_____

_____

_____

_____

_____

Si nadie volviera a elogiar o criticar tus elecciones, ¿de qué manera distinta tomarías las decisiones?

_____

_____

_____

_____

_____

_____

_____

_____

_____

Si el tiempo no te pareciera tan apremiante, ¿qué te permitirías elegir sin dudarlo? ¿Cómo te sentirías al dedicarle tiempo?

_____

_____

_____

_____

_____

_____

_____

_____

_____

_____

_____

_____

¿Cómo puedes saber cuándo actúas desde la paz, la armonía y el crecimiento en lugar del miedo? ¿Cómo lo sientes en tu mente, tu cuerpo y tu corazón?

_____

_____

_____

_____

_____

_____

_____

_____

_____

Si tu corazón pudiera hablarle a tu mente ahora mismo, ¿qué diría sobre esa versión de ti que piensa demasiado las decisiones?

_____

_____

_____

_____

_____

_____

_____

_____

_____

_____

_____

CAPÍTULO 21

Confía en ti mismo

Recuperar la confianza en tu intuición, tu cuerpo y tu verdad

¿Cómo sabes cuándo dejas de escuchar tu verdad interior al tomar una decisión? ¿Cuáles son los primeros signos?

_____

_____

_____

_____

¿Qué te ayuda a escuchar tu intuición cuando el miedo te lleva en una dirección diferente?

_____

_____

_____

_____

Si no sintieras el miedo como un bloqueo, sino como una guía, ¿hacia dónde intentaría llevarte? ¿Qué suele haber al otro lado del miedo?

_____

_____

_____

¿Cómo se manifiesta la confianza en ti mismo, no solo como un sentimiento, sino en la práctica?

Imagina que has tomado una decisión y no estás contento con el resultado. ¿Cómo sería responder a esta situación desde un lugar donde no te juzgues y tengas compasión y flexibilidad en vez de miedo y juicio?

¿Cómo afectaría esto a tu salud mental y a tu calidad de vida?

CAPÍTULO 22

El Yo Actualizado

Para crear la vida que deseas,
elige basándote en quién te estás
convirtiendo, no en quién has sido.
Redescubre tu Yo Actualizado: la versión
con mayor potencial de ti mismo que
elige desde la confianza en ti mismo,
no desde la autoprotección

Al imaginar la versión más centrada, presente y alineada de ti mismo, ¿cómo tomas decisiones?

_____

_____

_____

_____

_____

_____

¿Qué preguntas te haces?

_____

_____

_____

_____

¿Qué es lo que ya no necesitas?

Si tu Yo Actualizado tuviera que crear un conjunto de criterios ideales que seguir para tomar decisiones, ¿cuáles serían?

✓

✓

✓

✓

¿Cuáles son las tres verdades que tu Yo Actualizado querría que recordaras cada vez que te enfrentas a una decisión difícil?

1.

2.

3.

¿Qué mantras te daría tu Yo Actualizado para ayudarte a tomar las decisiones más acordes y enriquecedoras para ti?

CAPÍTULO 23

Establece tus intenciones

Completa las siguientes frases:

A partir de ahora, me doy permiso para tomar decisiones que…

_____

_____

_____

_____

_____

_____

_____

_____

Y me doy permiso para tomar decisiones sin… *(por ejemplo, juzgarme o criticarme, sentirme culpable, avergonzado o indigno)*

_____

_____

_____

_____

_____

_____

_____

_____

_____

CAPÍTULO 24

Reflexión

Lee tus respuestas y reflexiona sobre ellas desde una perspectiva de curiosidad. ¿Qué has descubierto sobre ti mismo a partir de tus respuestas? ¿La forma en que has abordado la toma de decisiones te ha ayudado o perjudicado? ¿Qué cambios harías? ¿Cómo te sentirías si te dieras permiso para llevarlos a cabo?

En cualquier momento decisivo, lo mejor que puedes hacer es lo correcto, lo siguiente mejor es lo incorrecto y lo peor es no hacer nada.

THEODORE ROOSEVELT

PRACTICA LA CONFIANZA

El paso a paso del método TRUST para dejar de dar tantas vueltas

La cueva en la que temes entrar alberga
el tesoro que estás buscando.

JOSEPH CAMPBELL

En esta sección encontrarás lo siguiente:

* Los principios esenciales para la toma de decisiones, diseñados para que te sientas seguro antes de completar un ejercicio del marco TRUST para la toma de decisiones.

* Una descripción general de una página de SAGE, las cuatro dimensiones de una decisión actualizada, para recordarte que debes tomar decisiones que te aporten la mayor paz, alineación, crecimiento y abundancia.

* Cinco páginas repetidas del ejercicio del marco TRUST para la toma de decisiones que te guiarán a través de la práctica. Puedes continuar las actividades en un cuaderno o diario aparte, o descargar una copia imprimible.

Práctica sugerida:

Cuando te encuentres pensando demasiado en una decisión y no sepas qué elegir, acude a esta sección. Empieza leyendo los principios para la toma de decisiones para centrarte en la verdad. A continuación, vuelve a SAGE para reconectar con lo que más importa. Por último, completa un ejercicio del marco TRUST para pasar poco a poco de la confusión a la claridad. Cuanto más practiques, más familiar te resultará, hasta que la confianza deje de ser algo que buscas y se convierta en algo con lo que vives.

PRINCIPIOS PARA LA TOMA DE DECISIONES

Esta es una recopilación de las verdades más poderosas y transformadoras de este libro. No se trata solo de conceptos que hay que comprender, sino de puntos de referencia que te guían y acompañan. Lentes para ver de otra manera. Anclas a las que volver. Recordatorios de la sabiduría más profunda que ya llevas dentro.

Léelos despacio, no solo con la mente, sino también con el corazón. Presta atención a aquello que resuena en ti. ¿Qué expande tu perspectiva o cambia sutilmente tu forma de pensar? ¿Qué te parece verdadero?

Permite que cada principio sea más que un consejo. Dale la oportunidad de que sea un espejo que refleje la versión de ti que ya sabe qué hacer cuando te conectas contigo mismo. Vuelve a esta página cada vez que experimentes incertidumbre. No para encontrar la respuesta «correcta», sino para volver a alinearte con la persona en la que te estás convirtiendo. La versión de ti que confía en ti mismo. Que elige desde el amor, no desde el miedo. Que toma decisiones no para evitar la vida, sino para vivirla plenamente.

MIEDO Y PROTECCIÓN

1. La raíz del exceso de pensamiento es el miedo.

2. No estás atrapado en la indecisión porque no sabes qué

hacer. Estás atrapado porque temes lo que puedes perder si eliges mal.

3. El miedo no es una indicación de que algo va mal, sino de que estás a punto de hacer algo bien.

4. El miedo no es una señal de stop, es una brújula que apunta hacia lo que más importa.

5. El miedo no es un obstáculo. Es el camino.

6. El miedo y el deseo son dos caras de la misma moneda. Al otro lado del miedo está todo lo que buscas en la vida.

7. El miedo deja de controlarte en el momento en que decides que tu paz y tu crecimiento son más importantes que evitar aquello que te da miedo.

8. Cada decisión es un paso hacia el miedo o hacia la libertad.

INTUICIÓN Y SABIDURÍA INTERIOR

9. La mente piensa, pero la intuición sabe.

10. La mente te convencerá de que no sabes qué elegir, aunque tu intuición siempre lo sepa.

11. Las mejores decisiones de tu vida nunca se encontrarán en la lógica de la mente. Se sentirán en el conocimiento intuitivo de tu corazón.

12. La claridad que buscas no llega antes de tomar una decisión. Llega en el momento de tomarla.

13. Nadie más tiene que entender tu decisión para que sea la correcta para ti.

14. Date el permiso que esperas que te den los demás.

CRECIMIENTO, ALINEACIÓN Y ELECCIÓN

15. Uno de los mayores poderes que poseemos es la elección.

16. No hay decisiones intrínsecamente correctas, incorrectas o perfectas, solo decisiones alineadas o desalineadas.

17. En el fondo de cada decisión se encuentra esta pregunta: ¿te limitará como persona o te ayudará a crecer?

18. La mejor decisión es aquella que aporta más paz, alineación y crecimiento a largo plazo.

19. El propósito de la vida no es acertar, sino crecer. El peso de la decisión se aligera cuando te das cuenta de que, elijas lo que elijas, vas a crecer.

20. Para crear una vida que ames toma decisiones basadas en lo que quieres, en lugar de tomarlas para evitar lo que temes.

21. Ninguna decisión es definitiva. Siempre puedes volver a elegir.

CONFIANZA EN UNO MISMO Y LIBERTAD EMOCIONAL

22. Si la paz requiere traicionarte a ti mismo, no es paz; es complacer a los demás.

23. Las personas que de verdad te quieren no necesitarán que renuncies a ti mismo para amarte.

24. La mayoría de los consejos provienen de otras personas diciéndote lo que ellas harían, pero no pueden decirte lo que es mejor para ti.

25. Tu enfoque determina tus decisiones.

26. Tu enfoque es un imán mental: aquello en lo que pones tu atención es lo que más atraes a tu vida.

27. La emoción desde la que tomas una decisión es la emoción que refuerzas.

28. La atención es la arquitecta de tu realidad.

29. Ningún resultado es absolutamente bueno o malo. Cada resultado contiene consecuencias tanto positivas como negativas.

30. Tenemos el poder sobre cómo tomamos las decisiones, pero no sobre sus resultados. Quién eres no se determina por lo que sucede, sino por cómo respondes a ello.

31. La paz y la confianza no provienen de intentar controlar los resultados, sino de confiar en que serás capaz de afrontar cualquiera de ellos.

32. En última instancia, no es el resultado lo que define tu camino. Es tu respuesta lo que da forma a tu vida.

LAS DIMENSIONES DE UNA DECISIÓN ACTUALIZADA

SAGE

Una decisión actualizada es una elección hecha no desde el miedo, la presión o la necesidad de aprobación, sino desde la confianza en ti mismo, la presencia, la alineación y el amor. Es la decisión la que te ofrece la mayor paz y crecimiento, no porque el resultado esté garantizado, sino por la persona en la que te conviertes al elegirla.

- **Serenidad:** ¿Qué elección me proporcionará la paz más profunda a largo plazo?

- **Alineación:** ¿Qué elección se alinea con la persona que quiero llegar a ser?

- **Germinación:** ¿Qué elección me hace crecer más?

- **Emoción:** ¿Qué elección está guiada por el amor y la abundancia, y no por el miedo?

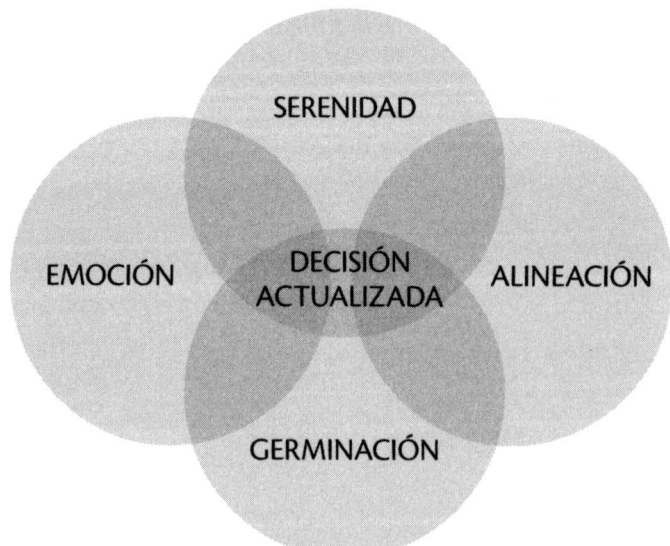

No podrás nadar hacia nuevos horizontes hasta que tengas el valor de perder de vista la orilla.

WILLIAM FAULKNER

Marco TRUST de toma de decisiones

El marco TRUST es una herramienta que te ayudará a tomar la decisión más actualizada, aquella que te brinda mayor paz, crecimiento y alineación. En lugar de caer en la trampa de perseguir la elección «correcta», te guía para que dejes de pensar demasiado, alcances una confianza íntima profunda y elijas desde la intuición, de modo que la verdad, y no los miedos, modele tu vida. Dado que este es un ejercicio al que querrás regresar con regularidad, te recomiendo que escribas tus respuestas en un cuaderno o diario aparte. Si quieres una copia impresa del marco TRUST de toma de decisiones, la puedes descargar de mi sitio web en josephnguyen.org/resources.

MARCO TRUST DE TOMA DE DECISIONES

Toma aire haciendo cinco respiraciones profundas
Regula tu sistema nervioso con cinco respiraciones lentas y profundas. Prueba la técnica de respiración 2 a 1: inhala durante cuatro segundos y exhala durante ocho.

Revela la decisión raíz
Expresa la decisión a la que te enfrentas en una frase clara. No incluyas los posibles resultados o emociones, solo la decisión en cuestión. ¿Qué acontecimiento desencadenó esta decisión?

_____

_____

_____

_____

Ubica el miedo y su coste

¿Qué temes que pueda pasar si eliges mal? ¿Qué te preocupa que signifique para ti equivocarte?

_____

_____

_____

_____

¿Qué te está costando este miedo?

_____

_____

_____

_____

Salta del miedo a la intuición

Siguiendo los principios de SAGE, ¿qué opción te aportará más paz, armonía y crecimiento a largo plazo, aunque te dé miedo elegirla?

_____

_____

_____

_____

Deja de juzgar y date permiso para considerar esta opción como una posibilidad real. ¿Cómo te sentirías si la eligieras?

_____

_____

_____

_____

Si dejas de lado tu apego a los resultados y confías en que podrás afrontar cualquier cosa que suceda, ¿qué te dice tu intuición que elijas?

_____

_____

_____

_____

Anota tu decisión actualizada:

_____

_____

_____

_____

Toma la acción más pequeña posible
¿Cuál es el primer pequeño paso que puedes dar para hacer realidad esta decisión?

_____

_____

_____

_____

Reflexión
¿Cómo te has sentido al tomar esta decisión? ¿Qué has aprendido sobre tus pensamientos, patrones y miedos? De lo que has aprendido, ¿qué te ayuda a romper el patrón del pensamiento excesivo?

_____

_____

_____

MARCO TRUST DE TOMA DE DECISIONES

Toma aire haciendo cinco respiraciones profundas
Regula tu sistema nervioso con cinco respiraciones lentas y profundas. Prueba la técnica de respiración 2 a 1: inhala durante cuatro segundos y exhala durante ocho.

Revela la decisión raíz
Expresa la decisión a la que te enfrentas en una frase clara. No incluyas los posibles resultados o emociones, solo la decisión en cuestión. ¿Qué acontecimiento desencadenó esta decisión?

_____

_____

_____

_____

Ubica el miedo y su coste
¿Qué temes que pueda pasar si eliges mal? ¿Qué te preocupa que signifique para ti equivocarte?

_____

_____

_____

_____

¿Qué te está costando este miedo?

_____

_____

_____

_____

Salta del miedo a la intuición

Siguiendo los principios de SAGE, ¿qué opción te aportará más paz, armonía y crecimiento a largo plazo, aunque te dé miedo elegirla?

Deja de juzgar y date permiso para considerar esta opción como una posibilidad real. ¿Cómo te sentirías si la eligieras?

Si dejas de lado tu apego a los resultados y confías en que podrás afrontar cualquier cosa que suceda, ¿qué te dice tu intuición que elijas?

Anota tu decisión actualizada:

Toma la acción más pequeña posible

¿Cuál es el primer pequeño paso que puedes dar para hacer realidad esta decisión?

_____

_____

_____

_____

Reflexión

¿Cómo te has sentido al tomar esta decisión? ¿Qué has aprendido sobre tus pensamientos, patrones y miedos? De lo que has aprendido, ¿qué te ayuda a romper el patrón del pensamiento excesivo?

_____

_____

_____

MARCO TRUST DE TOMA DE DECISIONES

Toma aire haciendo cinco respiraciones profundas
Regula tu sistema nervioso con cinco respiraciones lentas y profundas. Prueba la técnica de respiración 2 a 1: inhala durante cuatro segundos y exhala durante ocho.

Revela la decisión raíz
Expresa la decisión a la que te enfrentas en una frase clara. No incluyas los posibles resultados o emociones, solo la decisión en cuestión. ¿Qué acontecimiento desencadenó esta decisión?

Ubica el miedo y su coste
¿Qué temes que pueda pasar si eliges mal? ¿Qué te preocupa que signifique para ti equivocarte?

¿Qué te está costando este miedo?

Salta del miedo a la intuición

Siguiendo los principios de SAGE, ¿qué opción te aportará más paz, armonía y crecimiento a largo plazo, aunque te dé miedo elegirla?

_____

_____

_____

_____

Deja de juzgar y date permiso para considerar esta opción como una posibilidad real. ¿Cómo te sentirías si la eligieras?

_____

_____

_____

_____

Si dejas de lado tu apego a los resultados y confías en que podrás afrontar cualquier cosa que suceda, ¿qué te dice tu intuición que elijas?

_____

_____

_____

_____

Anota tu decisión actualizada:

_____

_____

_____

_____

Toma la acción más pequeña posible

¿Cuál es el primer pequeño paso que puedes dar para hacer realidad esta decisión?

_____

_____

_____

_____

Reflexión

¿Cómo te has sentido al tomar esta decisión? ¿Qué has aprendido sobre tus pensamientos, patrones y miedos? De lo que has aprendido, ¿qué te ayuda a romper el patrón del pensamiento excesivo?

_____

_____

_____

_____

MARCO TRUST DE TOMA DE DECISIONES

Toma aire haciendo cinco respiraciones profundas

Regula tu sistema nervioso con cinco respiraciones lentas y profundas. Prueba la técnica de respiración 2 a 1: inhala durante cuatro segundos y exhala durante ocho.

Revela la decisión raíz

Expresa la decisión a la que te enfrentas en una frase clara. No incluyas los posibles resultados o emociones, solo la decisión en cuestión. ¿Qué acontecimiento desencadenó esta decisión?

_____

_____

_____

Ubica el miedo y su coste

¿Qué temes que pueda pasar si eliges mal? ¿Qué te preocupa que signifique para ti equivocarte?

_____

_____

_____

¿Qué te está costando este miedo?

_____

_____

_____

Salta del miedo a la intuición

Siguiendo los principios de SAGE, ¿qué opción te aportará más paz, armonía y crecimiento a largo plazo, aunque te dé miedo elegirla?

Deja de juzgar y date permiso para considerar esta opción como una posibilidad real. ¿Cómo te sentirías si la eligieras?

Si dejas de lado tu apego a los resultados y confías en que podrás afrontar cualquier cosa que suceda, ¿qué te dice tu intuición que elijas?

Anota tu decisión actualizada:

Toma la acción más pequeña posible

¿Cuál es el primer pequeño paso que puedes dar para hacer realidad esta decisión?

_____

_____

_____

_____

Reflexión

¿Cómo te has sentido al tomar esta decisión? ¿Qué has aprendido sobre tus pensamientos, patrones y miedos? De lo que has aprendido, ¿qué te ayuda a romper el patrón del pensamiento excesivo?

_____

_____

_____

_____

MARCO TRUST DE TOMA DE DECISIONES

Toma aire haciendo cinco respiraciones profundas
Regula tu sistema nervioso con cinco respiraciones lentas y profundas. Prueba la técnica de respiración 2 a 1: inhala durante cuatro segundos y exhala durante ocho.

Revela la decisión raíz
Expresa la decisión a la que te enfrentas en una frase clara. No incluyas los posibles resultados o emociones, solo la decisión en cuestión. ¿Qué acontecimiento desencadenó esta decisión?

_____

_____

_____

Ubica el miedo y su coste
¿Qué temes que pueda pasar si eliges mal? ¿Qué te preocupa que signifique para ti equivocarte?

_____

_____

_____

¿Qué te está costando este miedo?

_____

_____

_____

Salta del miedo a la intuición

Siguiendo los principios de SAGE, ¿qué opción te aportará más paz, armonía y crecimiento a largo plazo, aunque te dé miedo elegirla?

_____

_____

_____

_____

Deja de juzgar y date permiso para considerar esta opción como una posibilidad real. ¿Cómo te sentirías si la eligieras?

_____

_____

_____

_____

Si dejas de lado tu apego a los resultados y confías en que podrás afrontar cualquier cosa que suceda, ¿qué te dice tu intuición que elijas?

_____

_____

_____

_____

Anota tu decisión actualizada:

_____

_____

_____

_____

Toma la acción más pequeña posible

¿Cuál es el primer pequeño paso que puedes dar para hacer realidad esta decisión?

Reflexión

¿Cómo te has sentido al tomar esta decisión? ¿Qué has aprendido sobre tus pensamientos, patrones y miedos? De lo que has aprendido, ¿qué te ayuda a romper el patrón del pensamiento excesivo?

Reflexión

Tómate un momento y revisa los cinco ejercicios que completaste previamente y observa los patrones, cambios y reflexiones. Esta es tu oportunidad de hacer una pausa y ser testigo de lo que está cambiando y creciendo, no solo en tus decisiones, sino también en ti. Permite que este sea un espacio para que seas más consciente de lo que funciona, lo que dejaste atrás y lo que requiere más de tu confianza.

COMPRUEBA TU PROGRESO

¿Has pensado en exceso en estas decisiones?

CONSTANTEMENTE   **PARA NADA**

(1)   (2)   (3)   (4)   (5)

¿Cuánto confiaste en ti mismo en estas decisiones en comparación con situaciones previas?

MUCHO MENOS   **MUCHO MÁS**

(1)   (2)   (3)   (4)   (5)

¿Cuánto pudiste confiar en que serías capaz de manejar los resultados de tus decisiones, aunque no fueran los deseados?

MUCHO MENOS   **MUCHO MÁS**

(1)   (2)   (3)   (4)   (5)

¿Es diferente ahora tu toma de decisiones en comparación a como era antes?

SIN CAMBIOS   **COMPLETAMENTE TRANSFORMADA**

(1) (2) (3) (4) (5)

REFLEXIÓN PERSONAL

¿Cuál decisión fue la más difícil? ¿Reconociste patrones en tus pensamientos o temores en esos momentos? ¿Qué conclusión puedes sacar de estas experiencias?

_____

_____

_____

¿Qué hace que el pensamiento excesivo empeore? ¿Qué te ayuda a dejar el pensamiento excesivo en la toma de decisiones y a confiar en ti? ¿Cómo puedes aprovechar más todo ello en la futura toma de decisiones?

_____

_____

_____

¿Cómo se sintieron esos momentos en los que seguiste tu intuición y no tu miedo? ¿Qué aprendiste de esas experiencias?

_____

_____

_____

Si esta página marcara el final de una antigua creencia, una historia o una forma de ser, ¿cuál sería? ¿Qué dejarías atrás?

_____

_____

_____

¿Cómo has sentido que tu forma de tomar decisiones ha cambiado en el proceso de trabajar con estos ejercicios?

_____

_____

_____

¿Qué te gustaría recordar la próxima vez que te enfrentes a una decisión difícil que más te pueda ayudar?

_____

_____

_____

Tal vez no controles todo lo que te sucede, pero puedes decidir que no te defina.

MAYA ANGELOU

Pequeños experimentos de toma de decisiones para ayudarte a dejar de pensar demasiado y empezar a confiar en ti mismo otra vez

El mayor error que puedes cometer en la vida
es temer continuamente cometer uno.

ELBERT HUBBARD

Esta sección contiene una serie de miniexperimentos reveladores diseñados para ser a la vez divertidos y profundos, que te invitan a situaciones cotidianas en las que puedes practicar de forma segura la confianza en ti mismo y en tu intuición.

Mientras que el conocimiento se obtiene a través de la comprensión, la sabiduría nace de la experiencia. Estos retos te ayudan a traducir lo que has aprendido en el libro en conocimientos que hagas tuyos, convirtiendo las ideas en cambios internos y las reflexiones en nuevas maneras de ser. Lo que puede parecer un pequeño acto superficial suele convertirse en un poderoso catalizador subyacente. Te sorprenderá cómo estas elecciones sutiles comienzan a remodelar la forma en que te ves a ti mismo, la manera en que tomas decisiones y cuán profundamente eres capaz de vivir en consonancia con quien eres en realidad.

El privilegio de toda una vida es convertirte en quien realmente eres.

CARL JUNG

Lanza una moneda
y sigue tu intuición

Piensa en una decisión que tengas que tomar en este momento. Asigna cara y cruz a las dos opciones y luego lanza la moneda. Pero antes de mirar el resultado, haz una pausa. Pregúntate: «¿Qué quiero que salga?». El simple hecho de darte cuenta de tu respuesta puede ser revelador.

A continuación, mira la moneda y observa el resultado. ¿Cómo te sientes respecto a la opción que se eligió por ti ¿Estás aliviado? ¿Decepcionado? ¿Sorprendido? Tu reacción revela de forma inconsciente la respuesta que deseabas antes de que tu mente tuviera la oportunidad de analizarla en exceso o cuestionarla.

Este experimento no consiste en dejar tu elección al azar. Se trata de aprender a confiar en la verdad que ya hay dentro de ti.

PLANIFICACIÓN

Utiliza el siguiente espacio para planear cómo vas a completar este ejercicio. ¿Qué decisión tomarás en él? Si tu mente intenta disuadirte, ¿qué verdad puedes recordarte a ti mismo en ese momento para mantenerte comprometido con este experimento?

_____

_____

_____

_____

_____

_____

_____

_____

REFLEXIÓN

Emplea este espacio para reflexionar sobre cómo salió el experimento. ¿Cómo te fue? ¿Qué te sorprendió? ¿Cómo te sentiste al completarlo? ¿Qué aprendiste sobre ti mismo a través de la experiencia? ¿Qué ideas quieres extraer de esto que te resulten más útiles para futuras decisiones?

_____

_____

_____

_____

_____

_____

_____

_____

_____

_____

_____

Sigue tu intuición para comer

La próxima vez que estés en un restaurante (o decidiendo qué comer), elige lo primero que te llame la atención antes de examinar todas las opciones, compararlas o pensar en cuál es la mejor. Permítete pedir sin pensarlo demasiado, sin necesidad de que sea perfecto.

Este ejercicio es una práctica para confiar en tu instinto, literalmente. Observa cómo te sientes al honrar tu primer instinto en lugar de intentar analizar en exceso la elección. Incluso algo tan simple como elegir un plato puede ser una puerta hacia una mayor tranquilidad, más confianza en ti mismo y más presencia con lo que tienes delante.

PLANIFICACIÓN

Utiliza el siguiente espacio para planear cómo vas a completar este ejercicio. ¿Cuándo lo harás? Si tu mente intenta disuadirte, ¿qué verdad puedes recordarte a ti mismo en ese momento para mantenerte comprometido con este experimento?

_____

_____

_____

REFLEXIÓN

Emplea este espacio para reflexionar sobre cómo salió el experimento. ¿Cómo te fue? ¿Qué te sorprendió? ¿Cómo te sentiste al completarlo? ¿Qué aprendiste sobre ti mismo a través de la experiencia? ¿Qué ideas quieres extraer de esto que te resulten más útiles para futuras decisiones?

Sigue una pequeña chispa

Di «sí» a algo pequeño que despierte tu curiosidad o entusiasmo, algo que te resulte extrañamente atractivo, aunque no tenga sentido desde el punto de vista lógico. Tal vez sea un libro que te atraiga, una calle que nunca hayas explorado o una idea que te ilusione sin motivo aparente.

En este experimento no se trata de ser práctico, sino de honrar la energía por encima de la lógica y aprender a escuchar lo que quieres hacer en lugar de lo que crees que deberías hacer. Cuando les haces caso a esas chispas silenciosas y expansivas, creas espacio para la alegría, la sorpresa y el crecimiento. Con el tiempo, esta práctica te enseña que lo que te hace sentir vivo suele ser, con frecuencia, mucho más valioso que lo que simplemente tiene sentido.

PLANIFICACIÓN

Utiliza el siguiente espacio para planear cómo vas a completar este ejercicio. ¿Cuándo lo harás? Si tu mente intenta disuadirte, ¿qué verdad puedes recordarte a ti mismo en ese momento para mantenerte comprometido con este experimento?

_____

_____

_____

_____

_____

_____

_____

REFLEXIÓN

Emplea este espacio para reflexionar sobre cómo salió el experimento. ¿Cómo te fue? ¿Qué te sorprendió? ¿Cómo te sentiste al completarlo? ¿Qué aprendiste sobre ti mismo a través de la experiencia? ¿Qué ideas quieres extraer de esto que te resulten más útiles para futuras decisiones?

_____

_____

_____

_____

_____

_____

_____

_____

_____

_____

_____

_____

El riesgo de una decisión equivocada es preferible al terror de la indecisión.

MAIMÓNIDES

Elige sin investigar

Para tomar hoy una pequeña decisión (qué comprar, dónde comer, qué opción elegir), resiste la tentación de leer reseñas, consultar valoraciones o pedir la opinión de otras personas. Tan solo haz una pausa, concéntrate y elige lo que te parezca adecuado en ese momento sin recabar más información. Luego, observa cómo te sientes, tanto antes como después de la elección. Fíjate en si sientes paz, tensión o claridad, no por lo que elegiste, sino por cómo lo elegiste. Esta es una forma suave de practicar la confianza en tu brújula interna antes de externalizar tu conocimiento al mundo exterior.

PLANIFICACIÓN

Utiliza el siguiente espacio para planear cómo vas a completar este ejercicio. ¿Cuándo lo harás? Si tu mente intenta disuadirte, ¿qué verdad puedes recordarte a ti mismo en ese momento para mantenerte comprometido con este experimento?

REFLEXIÓN

Emplea este espacio para reflexionar sobre cómo salió el experimento. ¿Cómo te fue? ¿Qué te sorprendió? ¿Cómo te sentiste al completarlo? ¿Qué aprendiste sobre ti mismo a través de la experiencia? ¿Qué ideas quieres extraer de esto que te resulten más útiles para futuras decisiones?

Camina sin rumbo

Reserva quince minutos para dar un paseo sin teléfono, sin plan y sin destino. No planifiques la ruta ni decidas de antemano adónde irás. Tan solo sal y deja que tus pies te lleven. Sigue cualquier camino que te llame la atención, aunque no «tenga sentido». Deja que el paseo sea sin rumbo, curioso y sin prisas. Mira las cosas como si las estuvieras viendo por primera vez a través de los ojos de un niño.

Durante la caminata, practica la presencia. Libera suavemente cualquier pensamiento sobre lo que tienes que hacer a continuación. No tienes que resolver nada ni ser productivo en este momento. Se trata de una práctica para dejar que la vida se desarrolle sin necesidad de controlarla. Con frecuencia, las situaciones que más recordamos no son las que planeamos, sino aquellas en las que estuvimos más presentes. Cuando la vida deja de ser un medio para alcanzar un fin y se convierte en una alegría en sí misma, la paz vuelve a encontrar su camino. Fíjate en cómo te sientes durante y después del paseo. ¿Qué cambia cuando ya no tienes ningún otro lugar al que ir más que aquí?

PLANIFICACIÓN

Utiliza el siguiente espacio para planear cómo vas a completar este ejercicio. ¿Cuándo lo harás? Si tu mente intenta disuadirte, ¿qué verdad puedes recordarte a ti mismo en ese momento para mantenerte comprometido con este experimento?

REFLEXIÓN

Emplea este espacio para reflexionar sobre cómo salió el experimento. ¿Cómo te fue? ¿Qué te sorprendió? ¿Cómo te sentiste al completarlo? ¿Qué aprendiste sobre ti mismo a través de la experiencia? ¿Qué ideas quieres extraer de esto que te resulten más útiles para futuras decisiones?

Pide lo que necesitas

Elige una pequeña necesidad que sueles ignorar o reprimir y exprésasela a otra persona. Puede ser algo tan simple como: «¿Podemos hacer una pausa un momento?», «Necesito algo de espacio», «¿Podemos cambiar la cita?» o «En realidad, prefiero esto».

No tiene por qué ser dramático. Solo tiene que ser honesto. Cada vez que expresas una necesidad, especialmente en los pequeños momentos, reafirmas que tu bienestar es importante y que puedes tomar decisiones que lo respeten. La confianza en ti mismo se profundiza cuando dejas de abandonarte en nombre de la conexión y empiezas a construir relaciones que también te incluyan a ti.

PLANIFICACIÓN

Utiliza el siguiente espacio para planear cómo vas a completar este ejercicio. ¿Cuándo lo harás? Si tu mente intenta disuadirte, ¿qué verdad puedes recordarte a ti mismo en ese momento para mantenerte comprometido con este experimento?

_____

_____

_____

_____

REFLEXIÓN

Emplea este espacio para reflexionar sobre cómo salió el experimento. ¿Cómo te fue? ¿Qué te sorprendió? ¿Cómo te sentiste al completarlo? ¿Qué aprendiste sobre ti mismo a través de la experiencia? ¿Qué ideas quieres extraer de esto que te resulten más útiles para futuras decisiones?

_____

_____

_____

_____

_____

_____

_____

_____

_____

_____

_____

_____

Escribe sin corregirte

Pon un temporizador de cinco minutos y escribe libremente en un papel sobre una decisión o un sentimiento con el que hayas estado luchando. Mientras escribes, no borres, no censures. Deja que las palabras salgan tal y como son: desordenadas, enredadas, inseguras. En ocasiones, la verdad sale a la luz cuando ya no intentamos expresarla de forma perfecta.

Una vez que hayas acabado, respira hondo y lee lo que escribiste. A menudo se produce una sorprendente sensación de alivio cuando el ruido de tu cabeza se convierte en algo que puedes ver con tus propios ojos. ¿Qué es lo que más te llama la atención? ¿Qué patrones o ideas surgen? Y lo más importante, ¿qué te susurra tu intuición detrás del exceso de pensamiento?

PLANIFICACIÓN

Utiliza el siguiente espacio para planear cómo vas a completar este ejercicio. ¿Cuándo lo harás? Si tu mente intenta disuadirte, ¿qué verdad puedes recordarte a ti mismo en ese momento para mantenerte comprometido con este experimento?

REFLEXIÓN

Emplea este espacio para reflexionar sobre cómo salió el experimento. ¿Cómo te fue? ¿Qué te sorprendió? ¿Cómo te sentiste al completarlo? ¿Qué aprendiste sobre ti mismo a través de la experiencia? ¿Qué ideas quieres extraer de esto que te resulten más útiles para futuras decisiones?

Hay libertad esperándote, en la brisa del cielo.
Y tú preguntas: «¿Y si me caigo?». Pero, querido,
¿y si vuelas?

ERIN HANSON

Sigue a tu niño interior

De pequeños, hacíamos lo que nos parecía divertido, emocionante o curioso sin necesidad de una razón. Jugábamos, explorábamos, creábamos y cambiábamos de opinión libremente. Pero, en algún momento del camino, muchos de nosotros modificamos esa alegría por la practicidad y la lógica. Comenzamos a reprimir aquellas partes de nosotros mismos que antes nos hacían sentir vivos. Y luego nos preguntábamos por qué todo empezaba a parecer tan serio y severo.

Este experimento es sencillo: date permiso para hacer hoy una cosa que le encantaría a tu niño interior. Algo que quizá no sea «productivo» o que no tenga sentido para nadie más. Tal vez sea retomar una afición que te encantaba, volver a ver una película que recuerdas con cariño, bailar al ritmo de tu canción favorita de cuando eras pequeño o sacar fotos, dibujos o cartas antiguas y permitirte recordar quién eras antes de que el mundo te dijera quién debías ser.

No es necesario que lo hagas durante todo el día. Pero dedicar aunque sea un momento a esta parte de ti, sin juzgar ni justificar, puede nutrir tu espíritu de una forma que la lógica nunca podrá. ¿Qué haría sonreír hoy a tu niño interior? Permítete eso. Luego, fíjate en cómo te sientes al volver a estar vivo de nuevo.

PLANIFICACIÓN

Utiliza el siguiente espacio para planear cómo vas a completar este ejercicio. ¿Cuándo lo harás? Si tu mente intenta disuadirte, ¿qué verdad puedes recordarte a ti mismo en ese momento para mantenerte comprometido con este experimento?

REFLEXIÓN

Emplea este espacio para reflexionar sobre cómo salió el experimento. ¿Cómo te fue? ¿Qué te sorprendió? ¿Cómo te sentiste al completarlo? ¿Qué aprendiste sobre ti mismo a través de la experiencia? ¿Qué ideas quieres extraer de esto que te resulten más útiles para futuras decisiones?

Pregúntate a ti mismo
y no a otra persona

La próxima vez que sientas la necesidad de pedir la opinión de otra persona, haz una pausa. Reflexiona y pregúntate: «¿De verdad necesito una perspectiva externa? ¿Qué es lo que ya sé? ¿Qué elegiría si confiara plenamente en mí mismo?».

No se trata de tener siempre la respuesta correcta, sino de practicar el arte de ser tu propia fuente. Cada vez que te preguntes primero a ti mismo, fortalecerás el músculo silencioso de la autoconfianza. Con el tiempo, te resultará más fácil escuchar tu voz, incluso cuando el mundo sea ruidoso.

PLANIFICACIÓN

Utiliza el siguiente espacio para planear cómo vas a completar este ejercicio. ¿Cuándo lo harás? Si tu mente intenta disuadirte, ¿qué verdad puedes recordarte a ti mismo en ese momento para mantenerte comprometido con este experimento?

_____

_____

_____

_____

_____

REFLEXIÓN

Emplea este espacio para reflexionar sobre cómo salió el experimento. ¿Cómo te fue? ¿Qué te sorprendió? ¿Cómo te sentiste al completarlo? ¿Qué aprendiste sobre ti mismo a través de la experiencia? ¿Qué ideas quieres extraer de esto que te resulten más útiles para futuras decisiones?

El valor de decir «no»

Di hoy un «no» amable a algo pequeño, algo a lo que normalmente dirías «sí» por culpa o por costumbre. Tal vez sea continuar una conversación por mensaje de texto para la que no tienes energía o aceptar hacer un pequeño favor que no quieres llevar a cabo. Pero en esta ocasión, no des muchas explicaciones ni justificaciones. Simplemente di: «En este momento no puedo», y deja que eso sea suficiente. Luego, date permiso de no sentirte culpable por proteger tu energía, por honrar tu paz, por escucharte a ti mismo.

A continuación, haz una pausa y reflexiona. ¿Cómo te sentías justo antes de decir que no? ¿Y cómo te sentiste después? ¿Qué cambió cuando te permitiste liberarte de la culpa?

PLANIFICACIÓN

Utiliza el siguiente espacio para planear cómo vas a completar este ejercicio. ¿Cuándo lo harás? Si tu mente intenta disuadirte, ¿qué verdad puedes recordarte a ti mismo en ese momento para mantenerte comprometido con este experimento?

REFLEXIÓN

Emplea este espacio para reflexionar sobre cómo salió el experimento. ¿Cómo te fue? ¿Qué te sorprendió? ¿Cómo te sentiste al completarlo? ¿Qué aprendiste sobre ti mismo a través de la experiencia? ¿Qué ideas quieres extraer de esto que te resulten más útiles para futuras decisiones?

Elige presencia en vez de productividad

Reserva una hora hoy para ser completamente improductivo, a propósito. Nada de realizar múltiples tareas, nada de tachar cosas de una lista, nada de optimizar. Solo siéntate, respira, tómate un té, recuéstate en el suelo, mira por la ventana, da un paseo, ve a un parque y permítete ser.

No se trata de que abandones tus responsabilidades, sino de que recuerdes que tu valor no está vinculado a tus logros. Incluso regalarte una hora de verdadero descanso puede restaurar la energía, la claridad y la presencia que aportas a todo lo demás. Que esto sea un recordatorio silencioso de que todo se hará, pero desde un lugar menos estresante y más centrado.

PLANIFICACIÓN

Utiliza el siguiente espacio para planificar cómo vas a completar este ejercicio. ¿Cuándo lo harás? Si tu mente intenta disuadirte, ¿qué verdad puedes recordarte a ti mismo en ese momento para mantenerte comprometido con este experimento?

_____

_____

_____

_____

_____

REFLEXIÓN

Emplea este espacio para reflexionar sobre cómo salió el experimento. ¿Cómo te fue? ¿Qué te sorprendió? ¿Cómo te sentiste al completarlo? ¿Qué aprendiste sobre ti mismo a través de la experiencia? ¿Qué ideas quieres extraer de esto que te resulten más útiles para futuras decisiones?

_____

_____

_____

_____

_____

_____

_____

_____

_____

_____

_____

_____

_____

_____

Expresa en voz alta una preferencia

La próxima vez que alguien te pregunte qué te gustaría (dónde te quieres sentar, qué deseas comer, qué te apetece hacer), expresa tu preferencia en lugar de aceptar sin más lo que otros quieren. No lo pienses demasiado. No lo minimices. Simplemente di lo que de verdad prefieres, aunque sea algo tan sencillo como «Quiero sentarme aquí» o «Me gustaría hacer esto».

La mayoría de las veces no es un inconveniente, solo es una elección. Y darte permiso para elegir sin sentirte culpable es un acto poderoso de confianza en ti mismo. Cada vez que te permites ocupar tu espacio, refuerzas esta verdad: tus necesidades son tan importantes como las de cualquier otra persona.

PLANIFICACIÓN

Utiliza el siguiente espacio para planificar cómo vas a completar este ejercicio. ¿Cuándo lo harás? Si tu mente intenta disuadirte, ¿qué verdad puedes recordarte a ti mismo en ese momento para mantenerte comprometido con este experimento?

REFLEXIÓN

Emplea este espacio para reflexionar sobre cómo salió el experimento. ¿Cómo te fue? ¿Qué te sorprendió? ¿Cómo te sentiste al completarlo? ¿Qué aprendiste sobre ti mismo a través de la experiencia? ¿Qué ideas quieres extraer de esto que te resulten más útiles para futuras decisiones?

Prométete algo y cúmplelo

Elige algo pequeño pero significativo que hayas querido hacer (mover tu cuerpo, descansar sin sentirte culpable, dedicar tiempo a un pasatiempo creativo) y escríbelo como una promesa que te haces a ti mismo: «Hoy voy a…».

Luego hazlo. No porque estés obligado, sino porque dijiste que lo harías. No importa lo grande o pequeña que sea la acción. Lo significativo es que cumplas tu palabra contigo mismo.

La autoconfianza no se construye a través de los logros, sino por medio de la constancia y la perseverancia. Así es como te conviertes en alguien confiable.

PLANIFICACIÓN

Utiliza el siguiente espacio para planificar cómo vas a completar este ejercicio. ¿Cuándo lo harás? Si tu mente intenta disuadirte, ¿qué verdad puedes recordarte a ti mismo en ese momento para mantenerte comprometido con este experimento?

_____

_____

_____

REFLEXIÓN

Emplea este espacio para reflexionar sobre cómo salió el experimento. ¿Cómo te fue? ¿Qué te sorprendió? ¿Cómo te sentiste al completarlo? ¿Qué aprendiste sobre ti mismo a través de la experiencia? ¿Qué ideas quieres extraer de esto que te resulten más útiles para futuras decisiones?

_____

_____

_____

_____

_____

_____

_____

_____

_____

_____

_____

_____

_____

No es necesario que veas toda la escalera, solo da el primer paso.

Martin Luther King Jr.

Rompe con un pequeño hábito (a propósito)

Piensa en un pequeño hábito que has estado repitiendo y que ya no te parece acorde con quien quieres ser. Tal vez es algo que te agota, te distrae o te mantiene en piloto automático.

Interrumpe hoy ese patrón solo por una vez. Sal de casa en lugar de usar el teléfono. Haz una pausa antes de responder como lo harías normalmente. Permítete aburrirte y descansar un poco sin necesidad de distraerte. Haz lo contrario de lo que espera el viejo patrón.

No tienes que modificar tu vida por completo, solo haz una pequeña interrupción. Observa cómo te sientes al elegir en lugar de actuar por hábito. Incluso la más mínima ruptura en la rutina puede recordarte que eres tú quien dirige tu vida. Puedes cambiar, aunque sea de forma ligera, para intentar alcanzar más paz, más presencia, más intención.

PLANIFICACIÓN

Utiliza este espacio para planear cómo vas a completar este ejercicio. ¿Cuándo lo harás? Si tu mente intenta disuadirte, ¿qué verdad puedes recordarte a ti mismo en ese momento para mantenerte comprometido con este experimento?

_____

_____

_____

_____

_____

_____

_____

_____

REFLEXIÓN

Emplea este espacio para reflexionar sobre cómo salió el experimento. ¿Cómo te fue? ¿Qué te sorprendió? ¿Cómo te sentiste al completarlo? ¿Qué aprendiste sobre ti mismo a través de la experiencia? ¿Qué ideas quieres extraer de esto que te sean más útiles para futuras decisiones?

_____

_____

_____

_____

_____

_____

_____

_____

_____

_____

Establece la regla
del 80 por ciento

Hoy, opta por tomar una decisión cuando te sientas solo un 80 por ciento seguro de tu elección y deja que eso sea suficiente. No busques el 20 por ciento restante de certeza. No necesitas toda la información para seguir adelante. Solo requieres la suficiente.

Muchas veces, esperar hasta tener una claridad absoluta lleva a la inacción, no a mejores decisiones. Este experimento te invita a actuar con lo que sabes ahora y a confiar en ti mismo para ir haciendo los ajustes necesarios sobre la marcha. El progreso no viene de la perfección, sino de elegir y aprender en el proceso.

PLANIFICACIÓN

Utiliza este espacio para planear cómo vas a completar este ejercicio. ¿Cuándo lo harás? Si tu mente intenta disuadirte, ¿qué verdad puedes recordarte a ti mismo en ese momento para mantenerte comprometido con este experimento?

_____

_____

_____

REFLEXIÓN

Emplea este espacio para reflexionar sobre cómo salió el experimento. ¿Cómo te fue? ¿Qué te sorprendió? ¿Cómo te sentiste al completarlo? ¿Qué aprendiste sobre ti mismo a través de la experiencia? ¿Qué ideas quieres extraer de esto que te resulten más útiles para futuras decisiones?

_____

_____

_____

_____

_____

_____

_____

_____

_____

_____

_____

_____

_____

_____

_____

Retrasa una decisión
a propósito

Piensa en una decisión que te cueste trabajo tomar y posponla de forma deliberada durante veinticuatro horas. No se trata de procrastinar ni de darle vueltas al asunto, sino de hacer una pausa a propósito. Date el permiso para no pensar en ello hasta mañana. Sin darle vueltas, sin intentar resolver el problema. Solo espacio.

Cuando llegue el día siguiente, vuelve a la decisión con una mirada fresca. ¿Qué ha cambiado ahora? ¿Ha variado algo? ¿Tu claridad, tu estado emocional, la decisión en sí? Observa qué es diferente cuando confías en que el tiempo lo aclarará todo en lugar de apresurarte a solucionarlo. A veces, la presión desaparece simplemente porque tú lo permites.

PLANIFICACIÓN

Utiliza este espacio para planear cómo vas a completar este ejercicio. ¿Cuándo lo harás? Si tu mente intenta disuadirte, ¿qué verdad puedes recordarte a ti mismo en ese momento para mantenerte comprometido con este experimento?

_____

_____

_____

_____

_____

REFLEXIÓN

Emplea este espacio para reflexionar sobre cómo salió el experimento. ¿Cómo te fue? ¿Qué te sorprendió? ¿Cómo te sentiste al completarlo? ¿Qué aprendiste sobre ti mismo a través de la experiencia? ¿Qué ideas quieres extraer de esto que te resulten más útiles para futuras decisiones?

_____

_____

_____

_____

_____

_____

_____

_____

_____

_____

_____

_____

Una vez que tomas una decisión, el universo conspira para que se haga realidad.

RALPH WALDO EMERSON

Realiza una acción alineada antes de sentirte «listo»

Elige una acción pequeña que te acerque a algo que te importe. Envía el mensaje. Abre el documento. Haz la llamada. Sea lo que sea, hazlo antes de sentirte seguro o preparado.

Solemos esperar la claridad como si fuera un permiso. Pero muchas veces la claridad es lo que sigue a la elección, no lo que la precede. Cuanto más intentas pensar para llegar a la certeza, más se aleja. La acción revela lo que esconde el exceso de pensamiento. Se aprende más rápido cuando estás haciendo algo. Te adaptas con mayor facilidad cuando te mueves. Y algunas puertas solo aparecen una vez que ya estás caminando.

PLANIFICACIÓN

Utiliza este espacio para planear cómo vas a completar este ejercicio. ¿Cuándo lo harás? Si tu mente intenta disuadirte, ¿qué verdad puedes recordarte a ti mismo en ese momento para mantenerte comprometido con este experimento?

_____

_____

_____

_____

REFLEXIÓN

Emplea este espacio para reflexionar sobre cómo salió el experimento. ¿Cómo te fue? ¿Qué te sorprendió? ¿Cómo te sentiste al completarlo? ¿Qué aprendiste sobre ti mismo a través de la experiencia? ¿Qué ideas quieres extraer de esto que te resulten más útiles para futuras decisiones?

_____

_____

_____

_____

_____

_____

_____

_____

_____

_____

_____

_____

Haz algo por ti mismo

Haz algo por ti mismo solo porque quieres. No porque sea productivo. No porque tenga sentido. No porque alguien te lo haya pedido o lo haya aprobado. Tan solo porque quieres.

Hoy, date el permiso para hacer algo que hayas anhelado, algo pequeño o grande que te hayas convencido a ti mismo de que era una tontería, un capricho o algo innecesario. Quizá te parecía una pérdida de tiempo o de dinero. Pero si te aporta, aunque sea, un destello de alegría, eso es motivo más que suficiente.

Cuando dejas de reprimir esa parte de ti que ansía jugar, aventurarse, disfrutar de la belleza o descansar, aprendes a escuchar tus deseos de nuevo. Empiezas a crear espacio para la vitalidad, para la alegría, para el asombro, para esos momentos que no necesitan ser útiles para ser significativos.

Deja que hoy sea un regalo para ti mismo, sin más motivo que el hecho de que tus deseos importan.

PLANIFICACIÓN

Utiliza este espacio para planear cómo vas a completar este ejercicio. ¿Cuándo lo harás? Si tu mente intenta disuadirte, ¿qué verdad puedes recordarte a ti mismo en ese momento para mantenerte comprometido con este experimento?

_____

_____

_____

_____

_____

_____

_____

_____

REFLEXIÓN

Emplea este espacio para reflexionar sobre cómo salió el experimento. ¿Cómo te fue? ¿Qué te sorprendió? ¿Cómo te sentiste al completarlo? ¿Qué aprendiste sobre ti mismo a través de la experiencia? ¿Qué ideas quieres extraer de esto que te resulten más útiles para futuras decisiones?

_____

_____

_____

_____

_____

_____

_____

_____

_____

_____

Hazte una pregunta
cuya respuesta te asuste

Piensa en una pregunta que hayas estado evitando, algo que te haya dado miedo expresar en voz alta, tal vez en una conversación, en tu diario o en el silencio de tu corazón. Deja que este momento sea tu permiso para hacerla por fin.

Con frecuencia, evitamos estas preguntas porque nos da miedo que la contestación pueda doler, desencadenar un cambio o revelar una verdad que no estamos preparados para afrontar. Pero la mayoría de las veces, el miedo a la respuesta es más fuerte que la respuesta en sí. Y cuando finalmente nos ponemos frente a ella, nos damos cuenta de que podemos afrontarla mejor de lo que pensábamos.

No es necesario que te obligues a tener claridad o a actuar de inmediato. Tan solo empieza por preguntar y crea un espacio para lo que surja. Así es como construimos la confianza en nosotros mismos: no controlando las respuestas, sino estando dispuestos a escucharlas y sabiendo que podemos enfrentarnos a lo que surja.

PLANIFICACIÓN

Utiliza este espacio para planear cómo vas a completar este ejercicio. ¿Cuándo lo harás? Si tu mente intenta disuadirte, ¿qué ver-

dad puedes recordarte a ti mismo en ese momento para mantenerte comprometido con este experimento?

_____

_____

_____

_____

_____

_____

_____

REFLEXIÓN

Emplea este espacio para reflexionar sobre cómo salió el experimento. ¿Cómo te fue? ¿Qué te sorprendió? ¿Cómo te sentiste al
completarlo? ¿Qué aprendiste sobre ti mismo a través de la experiencia? ¿Qué ideas quieres extraer de esto que te resulten más
útiles para futuras decisiones?

_____

_____

_____

_____

_____

_____

_____

_____

_____

Un día para confiar en tu intuición

Durante un día completo, haz un compromiso consciente: cada vez que tengas que tomar una decisión, grande o pequeña, elige seguir tu intuición en lugar de analizarla en exceso. No te pierdas en los pros y los contras. No esperes a tener una certeza. Simplemente siente lo que te resuena y déjate llevar. Por supuesto, mantén la seguridad y los pies en la tierra; no se trata de ser imprudente. Pero la mayoría de las decisiones a las que nos enfrentamos no ponen en peligro nuestra vida; son invitaciones a generar confianza en nosotros mismos. Conforme transcurra el día, presta mucha atención a cómo te sientes durante y después de cada decisión. ¿Actuar por intuición te brinda una sensación de libertad o de inquietud? ¿Te produce alivio, alegría o claridad? ¿Qué te ha parecido pasar un día viviendo de forma intuitiva en lugar de analítica?

PLANIFICACIÓN

Utiliza este espacio para planear cómo vas a completar este ejercicio. ¿Cuándo lo harás? Si tu mente intenta disuadirte, ¿qué verdad puedes recordarte a ti mismo en ese momento para mantenerte comprometido con este experimento?

_____

_____

_____

_____

_____

_____

_____

_____

REFLEXIÓN

Emplea este espacio para reflexionar sobre cómo salió el experimento. ¿Cómo te fue? ¿Qué te sorprendió? ¿Cómo te sentiste al completarlo? ¿Qué aprendiste sobre ti mismo a través de la experiencia? ¿Qué ideas quieres extraer de esto que te resulten más útiles para futuras decisiones?

_____

_____

_____

_____

_____

_____

_____

_____

_____

_____

Crea tu propio miniexperimento

Diseña un pequeño experimento que te ayude a pensar menos en tus decisiones. Puede ser algo fuera de tu rutina habitual, un pequeño paso fuera de tu zona de confort o un salto más grande que siempre has querido dar pero no te has atrevido a intentar.

No es preciso que tenga sentido para los demás. Quizá no tenga un propósito obvio. Quizá no parezca «productivo». Pero si aporta un poco de paz, diversión o libertad a tu día, es más que suficiente.

Este es tu espacio para elegir. ¿Qué es lo que te gustaría probar, solo por ti?

PLANIFICACIÓN

Utiliza este espacio para planear cómo vas a completar este ejercicio. ¿Cuándo lo harás? Si tu mente intenta disuadirte, ¿qué verdad puedes recordarte a ti mismo en ese momento para mantenerte comprometido con este experimento?

_____

_____

_____

_____

REFLEXIÓN

Emplea este espacio para reflexionar sobre cómo salió el experimento. ¿Cómo te fue? ¿Qué te sorprendió? ¿Cómo te sentiste al completarlo? ¿Qué aprendiste sobre ti mismo a través de la experiencia? ¿Qué ideas quieres extraer de esto que te resulten más útiles para futuras decisiones?

_____

_____

_____

_____

_____

_____

_____

_____

_____

_____

_____

_____

_____

_____

Crea tu propio miniexperimento

Diseña un pequeño experimento que te ayude a pensar menos en tus decisiones. Puede ser algo fuera de tu rutina habitual, un pequeño paso fuera de tu zona de confort o un salto más grande que siempre has querido dar pero no te has atrevido a intentar.

No es preciso que tenga sentido para los demás. Quizá no tenga un propósito obvio. Quizá no parezca «productivo». Pero si aporta un poco de paz, diversión o libertad a tu día, es más que suficiente.

Este es tu espacio para elegir. ¿Qué es lo que te gustaría probar, solo por ti?

PLANIFICACIÓN

Utiliza este espacio para planear cómo vas a completar este ejercicio. ¿Cuándo lo harás? Si tu mente intenta disuadirte, ¿qué verdad puedes recordarte a ti mismo en ese momento para mantenerte comprometido con este experimento?

_____

_____

_____

_____

REFLEXIÓN

Emplea este espacio para reflexionar sobre cómo salió el experimento. ¿Cómo te fue? ¿Qué te sorprendió? ¿Cómo te sentiste al completarlo? ¿Qué aprendiste sobre ti mismo a través de la experiencia? ¿Qué ideas quieres extraer de esto que te resulten más útiles para futuras decisiones?

_____

_____

_____

_____

_____

_____

_____

_____

_____

_____

_____

_____

_____

Crea tu propio miniexperimento

Diseña un pequeño experimento que te ayude a pensar menos en tus decisiones. Puede ser algo fuera de tu rutina habitual, un pequeño paso fuera de tu zona de confort o un salto más grande que siempre has querido dar pero no te has atrevido a intentar.

No es preciso que tenga sentido para los demás. Quizá no tenga un propósito obvio. Quizá no parezca «productivo». Pero si aporta un poco de paz, diversión o libertad a tu día, es más que suficiente.

Este es tu espacio para elegir. ¿Qué es lo que te gustaría probar, solo por ti?

PLANIFICACIÓN

Utiliza este espacio para planear cómo vas a completar este ejercicio. ¿Cuándo lo harás? Si tu mente intenta disuadirte, ¿qué verdad puedes recordarte a ti mismo en ese momento para mantenerte comprometido con este experimento?

_____

_____

_____

_____

REFLEXIÓN

Emplea este espacio para reflexionar sobre cómo salió el experimento. ¿Cómo te fue? ¿Qué te sorprendió? ¿Cómo te sentiste al completarlo? ¿Qué aprendiste sobre ti mismo a través de la experiencia? ¿Qué ideas quieres extraer de esto que te resulten más útiles para futuras decisiones?

_____

_____

_____

_____

_____

_____

_____

_____

_____

_____

_____

_____

_____

¿Qué deberías leer a continuación?

Gracias de todo corazón por tomarte el tiempo de leer estas páginas. Si te han gustado, te recomiendo que leas la edición actualizada de mi primer libro, *No te creas todo lo que piensas*, que explora cómo liberarse de la ansiedad y la inseguridad.

Cada semana, comparto en mi boletín *Nuggets of Wisdom* un nuevo artículo que contiene una idea sencilla que te hará cambiar de perspectiva, expandirá tu mente y te ayudará a encontrar más paz, alegría y abundancia.

Los suscriptores también son los primeros en enterarse de mis nuevos libros y proyectos más recientes.

Únete a nuestra comunidad de buscadores y suscríbete a mi boletín informativo en josephnguyen.org/newsletter.

También puedes registrarte escaneando el código QR que aparece a continuación: